200 Extra-Large Japanese Number Puzzles

Super

SUDOKU

OKAYUSAN

チャレンジ！数独パズル

GRAMERCY BOOKS

NEW YORK

Published by Gramercy Books, an imprint of Random House Value Publishing,
a division of Random House, Inc., New York, by arrangement with
Kandour Publishing, Ltd., London.

Gramercy is a registered trademark and the colophon is a trademark of Random House, Inc.

Random House
New York • Toronto • London • Sydney • Auckland
www.randomhouse.com

Printed and bound in the United States

A catalogue record for this title is available from the Library of Congress.

ISBN-10: 0-517-22888-2

ISBN-13: 978-0-517-22888-3

CONTENTS

HOW TO ENJOY SUPER SUDOKU

4		2	9			1	3	
5	3	1	6				9	
7				3	1			5
	4						5	8
2				9			1	6
	1					9		
6	2		3		9			4
	4				6		7	9
	5	8	4	2	7			

WELCOME TO SUPER SUDOKU

Sudoku is the Japanese puzzle that has taken the world by storm. In its basic form, Sudoku consists of a 9x9 cell grid. The object of the puzzle is to fill the empty cells so that each row, each column and each 3x3 cell box contains all the digits between one and nine. It's a challenging puzzle, but you don't need mathematics: it is simply a question of logic and reasoning. In the following pages we will show you how to solve Sudoku and present the ultimate challenge: Super Sudoku.

HOW TO SOLVE SUDOKU

GUESS THE NUMBER FROM THE ROW

x	x	7	x	②	4	x	x	x
4	I	x	x	x	x	x	②	x
3	?	9			5			

You can start the puzzle from anywhere, but the 3x3 cell box filled with the most numbers is usually a good place to start. Pay attention to the box on the left. What fits in the bottom row of the left box? At a glance, you may notice the two 2s in the top row and middle row. Remember, each grid row, column and 3x3 cell box has room for only one of each number. Consequently, the cell in the bottom row can only be filled with the number 2.

PAY ATTENTION TO THE COLUMNS AND ROWS

		7	x	2	4			
4	I		x	x	?		2	
③	2	9	x	x	x	5	x	x
9	8		③	x				
			9	7	2			
			x	x			5	I
		4	x	x		8		9
	5		x	x			3	6
			I	③	4			

Meanwhile, concentrating on the stack of boxes down the middle, you can recognize similar patterns. The middle box has a 3, and the bottom box has its 3. Accordingly, in the top box, the left column and the middle column can't have 3. However, in the top-left box, there is a 3 in the bottom row which means there can't be any more 3s in that row. Therefore, in the top-middle box, the 3 can only be in the cell under the cell containing 4.

HOW TO GUESS
THE MISSING NUMBER

IDENTIFYING THE MISSING NUMBERS

		7		2	4			
4	1				3		2	
3	2	9				⑤		
9	8		3					
			9	7	2			
					8		⑤	1
	4				8			9
5						3	6	
		1	3		4		⑦	

To progress, you need to use some particular techniques. Let's fill the four empty cells in the bottom-right box. The empty cell in the bottom row of the right column can be easily guessed from the two 5s in the stack of boxes down the right. That cell must contain a 5, as there is nowhere else in that box that a 5 may go.

WHAT'S NEXT?

After putting the digit 5 in the cell of the bottom-right corner, let's guess the other missing numbers in the bottom-right box. As there is a 2 in the top-right box, it is not difficult to fill the empty cell surrounded by 8, 4 and 3 in the bottom-right box.

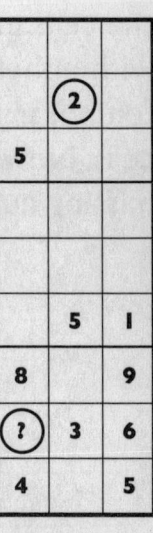

AND FINALLY

	4			8	(?)	9
5				2	3	6
		(1)	3		4		5

There are only two empty cells left. You can find the missing number between 8 and 9 by recognizing a 1 in the bottom row, in the middle box. Finally, in the bottom-right box, there are eight digits, and so the missing number 7 completes the cell.

AN ADVANCED TECHNIQUE
- USING TEMPORARY NUMBERS

With the number 8 in the middle box and the number 5 in the bottom box, the empty cell in the top row can't be filled with the digits 5 or 8. Instead, the cells in the left column and the right column of the top box can be filled with either of them. To sum up, you can keep the two empty cells with the temporary determination as the digits "5 or 8" and they share the same two cells. Now, there is only one empty cell left, this can be filled with the only missing number, namely, the 6.

5/8	(?)	7
4	1	5/8
3	2	9
9	(8)	
		4
	(5)	

FIND A MISSING NUMBER

Put the numbers 7 and 8 in the empty cells, temporarily, and only a 2 can be put in the bottom-right cell in the top box.

PAY ATTENTION TO THE COLUMN

A 5 can be put in one of the empty cells in the middle column of the top box. After that, a 5 can only be placed in the top-right cell in the bottom box.

DIFFICULTY RATING

The flower rating relates to that section of the book only.

SOLVING SUPER SUDOKU

11	10	6										15	16	12	
15		13	1	10	4				12	3	8	9			2
14	3	16			6	8	9	2				13	1	5	
	7		2	3			13	1			15	10		4	
	1		7	5						8	2		9		
	11			6	3			12	14				7		
		4		2	16	7	3	1	13			14			
		2	3		4	1	7	10			11	16			
		1	11		2	3	4	15			9	6			
		12		7	9	4	8	6	3			2			
	2			14	12			11	1				3		
	6		16	11						9	12		13		
	8		12	4			14	2			1	6		5	
2	4	5			8	6	12	9				3	15	16	
1		11	13	7	3				8	6	4	10			9
7	16	3										8	2	1	

Super Sudoku requires the same logical reasoning as the standard puzzles.
Though it is made more difficult because we are now using all the numbers
from 1-16, in a 16x16 grid or 1-25 in a 25x25 grid — or even 1-49 in a 49x49 grid!
Enjoy!

16x16
BEGINNER

BEGINNER 1

10			14				6	5				4			15
	3		16	7	2		11	15		8	4	5		12	
		15	11	3							6	2	16		
8	6	2		15		5			11		16		7	10	3
	10	12	6		7		3	2		4		11	5	15	
	8			6		2			15		12			14	
			15		11	4			6	7		10			
2	11			10			9	16			3			7	12
16	2			1			4	13			5			6	10
			13		6	7			4	11		1			
	15			16		13			7		9			4	
	7	4	1		12		14	6		16		9	3	13	
4	12	3		14		9			16		11		13	5	2
		14	9	4							7	12	11		
	16		10	12	5		2	8		3	15	6		9	
1			2			15		4				16			7

DIFFICULTY ❀❀❀❀❀

BEGINNER 2

16	9	6	11			14	1	13	4			2	8	12	3
15						11	10	14	1						6
14		10			7					12			9		16
3			7	6							9	11			4
			10		4	15	7	6	2	13		14			
		9		8		2	14	3	5		1		4		
13	14			1	11					8	4			3	9
7	11			10	3					15	14			2	1
11	1			4	12					16	5			7	2
10	16			5	8					14	13			15	11
		13		14		10	11	15	6		7		1		
			12		1	7	15	4	11	9		5			
6			1	7							12	3			13
5		4			2					6			11		15
9						3	4	2	16						5
2	7	16	13			8	6	5	3			9	12	4	14

DIFFICULTY ❀❀❀❀❀

BEGINNER 3

7				15	5					14	10				3
	15		14		8				13			9		6	
		13		6		12	3	2	5		8		1		
	6			4	10		9	15		7	1			13	
12		4	2	9			11	1			7	5	6		15
16	7		6				1	13				4		9	14
		10					4	11					16		
		8	11	5	16	15	10	4	12	6	9	1	2		
		6	13	7	2	1	15	8	9	4	5	3	10		
		2					16	7					15		
1	16		5				8	10				6		2	9
15		9	10	12			5	14			16	7	8		1
	10			13	9		6	3		8	12			5	
		14		3		8	12	9	2		6		7		
	9		7		1					10		8		15	
6				16	4					15	14				12

DIFFICULTY ✿✿✿✿✿✿

14 Super Sudoku

BEGINNER 4

11	10	6										15	16	12	
15		13	1	10	4				12	3	8	9			2
14	3	16				6	8	9	2				13	1	5
	7		2	3			13	1			15	10		4	
	1		7	5							8	2		9	
	11				6	3			12	14				7	
		4			2	16	7	3	1	13			14		
		2	3			4	1	7	10			11	16		
		1	11		2	3	4	15				9	6		
		12			7	9	4	8	6	3			2		
	2			14	12			11	1					3	
	6		16	11							9	12		13	
	8		12	4			14	2			1	6		5	
2	4	5				8	6	12	9				3	15	16
1		11	13	7	3					8	6	4	10		9
7	16	3											8	2	1

DIFFICULTY ✽✽✽✽✽✽

BEGINNER 5

6	7				4		10	5		2				16	14
2			5	7		8	14	9	4		16	15			11
					6					10					
	8			12		3	16	11	14		6			13	
	12		13	10	7	14			1	5	9	4		3	
10		5		4	9					7	2		11		15
	4		1	2		6			15		11	10		9	
3	9		15									12		5	7
5	10		7									13		11	1
	2		3	6		15			9		4	16		14	
12		16		3	14				11	5		4			9
	15		4	16	11	13			3	6	7	2		10	
	14			9		16	4	15	11		13			2	
					8				1						
15			9	1		7	2	14	6		8	11			4
8	11				15		6	2		9				1	10

DIFFICULTY ✿✿✿✿✿

BEGINNER 6

2		5		1		6			11		13		14		16
	13		11		15	14			4	6		3		12	
6				13		9	3	8	15		2				10
	4		14	11							3	15		13	
9		11	5	14	8					13	12	6	4		2
	2			12	13		6	3		10	8			14	
12	8	4											1	15	13
		14			11		2	15		4			16		
		12			7		10	5		3			15		
5	7	10											13	8	3
	3			8	9		13	11		1	10			6	
14		8	1	6	3					7	15	16	10		4
	12		10	9						1		2		16	
16				10		8	4	2	14		11				6
	9		2		16	13			10	5		14		1	
1		13		2		7			9		6		3		11

DIFFICULTY ✿✿✿✿✿

BEGINNER 7

		5	8	4			13	15			9	6	1		
	15				5	6	13	7					16		
13			2		7					8		5			11
6		12	9		16		8	14			5	7	15		13
12					13	6			9	15					2
		13	10	15	5					3	14	12	16		
	14			10			12	2			16			7	
4	11		6			8	1	12	5			3		15	9
11	12		7			4	3	1	8			16		5	10
	5			13			2	10			7			11	
		2	13	12	9					11	6	4	7		
8					6	7			13	12					3
5		4	14		11		15	7			13	10	3		8
2			12		1						10	9			16
	13				12	4		9	2					1	
		7	15	6			9	11			3	2	4		

DIFFICULTY ✿✿✿✿✿✿

18 Super Sudoku

BEGINNER 8

10					9	1		12	4						8
	8	16	11		15				14			2	10	4	
	5		14	16		7		8		13		9		3	
	9	7		3						11			12	16	
		13	7		1		12	14		16		6	8		
5	10			13		4	9	15	3		6			14	7
14		9			16	6			7	13			2		10
				10	14		7	12		11	9				
				15	7		3	13		5	14				
13		10			4	11		2	12				3		9
7	11			9		2	10	8	1		4			13	14
		5	3		12		16	6		9		8	7		
	2	11		8							12		1	6	
	12		10	4		16			13		5	7		2	
	6	4	5		3					2		10	14	8	
16					13	14			9	10					11

DIFFICULTY ✿✿✿✿✿

BEGINNER 9

		7	10				2	16				11	3		
	9	3			4					2			14	5	
12	8		1	13						9	15			7	6
16		4		11		8	14	3	12		10		13		1
		13	4				6	11				9	8		
	16				1	11	4	15	2	7				12	
			2		3	9			14	13		4			
3			7	12	15		5	6		9	8	1			14
13			11	4	8		9	2		12	14	3			5
			14	10	3				1	5		12			
	3			6	2	13	10	7	11					16	
		15	8			12	4					14	6		
9		11		5		10	1	13	3		6		4		15
15	14		3	9						2	10			1	13
	7	1			13				14			11	3		
		5	13				7	12				6	9		

DIFFICULTY ❀❀❀❀❀

BEGINNER 10

1			8			14	4	15	6			9			5
	11	7		13	9	15			12	16	5		4	14	
	2		6				12	14				13		11	
4		5		6							13		12		15
	15		16		3	2		13	6			12		10	
	10			4		6		15		3				8	
12	1			9	10		7	5		4	8			16	14
13		6			8			10				5			3
2		10			12			3					8		13
7	16			8	1		9	6		13	2			15	10
	9			3		4			8		1			6	
	8		13		6	16			14	15		7		9	
8		14		16							15		11		9
	13		4				6	3				2		5	
	7	2		11	14	3			9	12	4		15	13	
9			15			1	8	10	11			3			7

DIFFICULTY ✿✿✿✿✿

Super Sudoku 21

BEGINNER 11

	3		11	16		4			10		7	2		6	
15	4			10		12			8		14			1	5
		1			14	8			16	3			13		
13			14		3		11	5		12		8			4
12	2			14		16	1	15	13		6			9	3
		7	4		10					5		1	6		
16	13	8		15							12		11	5	14
			3	5			7	10			16	13			
			15	8			14	13		2	3				
6	8	10		13						3		1	2	11	
		13	16		12				6			15	5		
4	14			1		11	2	16	7		15			13	6
10			1		15		13	12		4		9			7
		15			16	7		1	14				2		
14	9			12		5			2		11			3	10
	5		8	6		2			3		13	4		14	

DIFFICULTY ✿✿✿✿✿✿

BEGINNER 12

16	10	4				14		13					7	5	9
15			8	2	9					10	6	3			11
5			11									13			12
	3	13		11	10	4		9	8	12			1	14	
	5			10	12	4		9	2	16			3		
	8		4	9						3		16		12	
12			9	15		3	1	8	14		11	7			6
			13			7	16	1	15			4			
			6		5	3		4	16			12			
8			1	14		15	11	12	5		7	10			16
	11		16	6							10	14		7	
	13			1	7	16			11	6	8			15	
	9	16			14	12	2	6	7	11			15	10	
13			12									5			3
10			3	8	16					15	4	11			7
11	7	2				1			12				16	4	14

DIFFICULTY ❀❀❀❀❀

BEGINNER 13

				8		15	4	9	1		2				
	7		4		14		9	15		8		1		16	
			10		6		16	13		5		12			
	15	5	1			12			6			14	8	9	
1				16	12		14	3		2	13				6
	3	9		2	8					6	1		5	14	
8			5				3	4				9			10
16	2	13		5		6			8		14		11	4	1
10	13	16		7		11			4		5		2	1	9
14			9				2	1				10			16
	1	3		9	5					10	12		14	7	
12				15	10		1	16		11	7				3
	10	15	8			7			3			16	13	12	
			16		1		5	14		13		2			
	9		3		16		8	5		7		6		11	
				3		2	15	12	11		8				

DIFFICULTY ❀❀❀❀❀

BEGINNER 14

1		6	2	8	5				13	9		10	15		12
	9		14	10			6	12			15	13		3	
4		15											1		8
5	3		12		1	4	15	2	7	8		6		9	16
12	14			1	9				7	8				13	3
16			9	6						5		14			4
		8					4	13				9			
	4		6			5	7	15	12			8		1	
	10		7			6	11	14	9			16		4	
			16				13	10				1			
14			11	16							12	15			10
9	8			15	10					16	4			7	14
6	15		3		4	1	16	8	2	12		5		10	11
2		16											3		15
	11		4	7			8	5			13	2		16	
8		14	5	2	11					4	1	12	9		7

DIFFICULTY ✿✿✿✿✿

BEGINNER 15

14	7				9		1	4		8				11	6
4		12					6	13					10		16
	1	9		12			13	3			14		7	15	
			16		5	11			6	7		1			
		13		9			10	8			2		4		
11			8		6		15	14		5		3			9
			2			5	14	11	3			6			
5	3	14		7	11	1			10	12	6		16	13	8
8	5	15		16	10	9			12	14	13		11	2	4
			14		6	5	9	8				16			
2			4		8		12	16		10		14			15
		10		11			7	2			5		8		
			12		7	8			13	3		9			
	14	4		6			16	7			1		2	8	
13		3					9	5					6		11
15	2				3		11	6		9				16	7

DIFFICULTY ❁❁❁❁❁

BEGINNER 16

2		12	8			5	7	1	3			10	14		15
	5			11							10			7	
11		14		1			10	2			7		5		9
13					8		16	5		6					11
	7	15		5			3	10			13		11	6	
			3		4	6		7	11			13			
6				10	15				4	3					2
10		4	13	7	11		2	8		12	5	15	16		3
12		5	7	3	2		15	9		4	16	14	10		6
1					4	8			13	5					7
			9			11	12	15	14			5			
	10	2		9			5	12			8		15	16	
5					16		4	11		15					8
7		8		15			9	6			14		4		16
	14			6							3			15	
15		6	4			10	8	13	16			11	3		5

DIFFICULTY ✿✿✿✿✿✿

Super Sudoku 27

BEGINNER 17

	12	10	6	15							14	11	9	2	
14	11	4		12	13				5	9			16	1	3
2	3				10			11					7	15	
5			8		3	11	13	16			10			14	
16	1			9							13			5	6
	7				14	5	1	2	9	11				8	
		8	5		11	7			6	10		14	15		
			10		16		13	7		1		4			
			1		7		16	9		6		2			
	13	12			15	4			2	16		1	6		
	2				10	1	9	15	14	8				12	
10	4			11							1			15	5
7			2		11	15		5	1			12			10
8	16				9				15					4	11
1	10	15		7	3					14	6		2	16	9
	5	12	9	2							7	15	1	3	

DIFFICULTY ✿✿✿✿✿

BEGINNER 18

	9			7	11	1			4	13	10			2	
11	8		4	12		16			5		14	6		10	9
							9	3							
	1			6	15		5	11		8	2			7	
13	15		9	3	2					7	5	8		12	10
8			5	16		13			11		3	14			1
7	12				10	5			15	9				6	2
		14	11				15	10				7	3		
		15	1				16	9				2	10		
3	13				1	11		8	5					9	6
5			12	8		2			6		15	13			11
2	16		8	13	9				11	7		15		3	12
	5			2	14		13	6		10	11			1	
							1	15							
4	2		10	11		6		13			1	9		5	15
	3			9	8	10		2	16	4			14		

DIFFICULTY  ✿✿✿✿✿

Super Sudoku 29

数独

BEGINNER 19

		13		14	6	5			9	10	8		7		
		2	10				1	4				11	6		
15	12		9			8	11	2	1			13		14	16
	14	11			4	2			15	16			3	8	
12					16			8							2
9			16		10		14	13		11		4			3
5		4	2	12		3			10		6	9	13		14
	11	14			7					12			15	16	
	9	1			8					4			5	6	
8		16	12	1		15			13		9	3	10		11
3			4		2		13	8		1		7			15
13						11			6						4
	5	12			16	13			3	9			11	4	
1	16		8			4	3	6	7			10		12	5
		10	15				12	5				14	8		
		3		2	15	10			12	8	11		9		

DIFFICULTY ✿✿✿✿✿

BEGINNER 20

7			1			8			12			9			2
	11		16			9			5			7		10	
		12		3		4	7	10	6		1		14		
5	8		10	11			13	7			15	4		16	12
		1	3			5	8	12	10			15	2		
					9					6					
6	10	7		15			12	2			16		8	9	11
		13	5	4		7	2	11	8		14	6	16		
		16	15	6		1	3	5	14		4	11	12		
13	4	8		5			15	1			10		9	6	14
					10				11						
		6	9			16	14	13	15			3	10		
14	5		6	7			1	3			2	16		8	9
		11		14		6	5	9	1		8		7		
	13		12			11			7			10		14	
8			7			3			11			12			5

DIFFICULTY ✽✽✽✽✽✽

BEGINNER 21

2	13													10	12
12		10	11									5	15		4
	5		6	7	12	3		10	13	15	1		8		
	9	1		10			11	16			12		2	3	
		8	14	9	10		5	12		11	3	13	1		
		16		8	15		14	7		2	10		9		
		9			4	2	15	8				14			
			4	16	3	12			13	5	14	10			
			8	12	9	14			1	3	6	15			
		3			10	8		13	16				4		
		2		3	1		16	4		12	11		5		
		11	12	6	5		4	8		15	7	16	3		
	4	13		15			3	5			16		12	1	
	10		5	2	11	9			12	4	8	3		13	
3		7	16									14	10		11
11	6													9	15

DIFFICULTY ✿✿✿✿✿✿

BEGINNER 22

		12				6	5	11	4				3		
		10		14	15		4	9		2	13		12		
16	7	5					9	14					4	11	8
			11	10	2				7	1		9			
	3												12		
	12		16	8	10	7		4	13	15		3		6	
14			9	5	12	3		2	6	10		11			7
6	1	4		9	13			8	3				16	2	5
1	2	9		14	15			3	11				8	10	16
7			8	2	9	11		13	10	16		1			14
	11		5	1	4	10		15	14	9		2		7	
	10													9	
			12		6	5			1	13		15			
8	13	1				2		10					9	14	12
		2		15	12		1	16			4	3	7		
		15				16	13	7	12				10		

DIFFICULTY ✿✿✿✿✿✿

BEGINNER 23

11		5	10	7							3	12	13		8
	6					15			13					3	
14		15	7		8	12			10	11		4	6		5
12		8				4	3	9	7				10		11
6						3	12	2	5						1
		13			15	11			14	3			5		
	14	11	15	5	2	6			9	1	4	16	3	8	
			5	9			1	11			13	6			
			14	8			7	12			9	3			
	7	16	3	12	13	9			6	5	2	15	1	10	
		10			1	16			3	4			8		
4						2	15	16	8						9
15		7				8	14	3	1			9			13
3		1	8		6	13		12	9			5	16		2
	10					7			15				11		
16		14	12	2						10		7	15		3

DIFFICULTY ❀❀❀❀❀❀

BEGINNER 24

1			3	2	4	14			13	12	15	11			10
				1		5	8	7	9		11				
		12	11		6					3		8	5		
7		15	9				10	1				4	16		13
12	11			9		13	3	4	16		8			6	7
16		10											12		5
9	15			16		6			5		7			11	8
	3		5	14			1	9			6	2		4	
	10		1	5			11	14			16	12		13	
5	16			3		2			4		12			10	1
2		8											11		3
3	9			13		4	16	11	1		10			5	15
14		9	8				2	13				1	7		4
		16	10		1					4		5	15		
				8		11	5	10	6		9				
6			2	4	14	9			7	16	5	13			11

DIFFICULTY  ❀❀❀❀❀

BEGINNER 25

	9			14						2			12		
1	3	16	12		7		10	5		9		13	11	15	6
	13	4		8			3	7			1		14	5	
	11		14			15	6	10	13			1		16	
11		1			9				8				10		16
	10			3	8				4	7			1		
			15			16	12				2				
	6	2	7			12	1	16	3			8	9	11	
	12	5	1			4	9	15	8			7	13	14	
			9					12	1			11			
	4			16	13					14	3			8	
7		8			15					10			5		1
	16		6			7	15	8	11			4		10	
	15	14		12			8	6			16		7	2	
2	1	10	3		11		4	14		12		5	8	13	15
	7			13						15			6		

DIFFICULTY ✿✿✿✿✿✿

BEGINNER 26

	4	11				1	8	9	5				15	6	
6			2		9	15			12	4		16			14
16			5	6							2	13			12
	15	7	3				4	6				9	1	2	
		6		5			2	15			9		10		
	9				14				1					16	
1	14			10	16	13		8	4	6				7	3
8			13	1		7			10		16	15			2
2			14	7		6			11		1	8			10
12	5				16	13	1	7	14	3				11	4
	6					10			16				12		
		3		12			9	10			4		14		
	7	12	8				6	16				10	11	14	
3			1	8						10		5			6
4			9		7	2			6	14		12			16
	10	16				12	14	4	7				2	15	

DIFFICULTY ❀❀❀❀❀❀

Super Sudoku 37

BEGINNER 27

16		7		12	3			13	4				10		6
			4	10		2		9		6		1			
9			6	16						11		15			4
	13	1	3		8	6		2	16			14	11	12	
	5	12		1			9	3			10		4	11	
13			1				8	5				2			15
14	4		7				2	12				9		13	16
				6	4	14			7	2	15				
				15	2	8			1	12	3				
2	6		12				1	8				3		15	10
10			11				14	2				13			8
	8	5		11			3	6			13		2	7	
	1	11	5		13	9			4	15		10	12	14	
8			9	7						14		6			5
			16	14		5			6		12	8			
4		6			15	1			3	8			16		13

DIFFICULTY ✿✿✿✿✿✿

BEGINNER 28

	3					9	5	11	1					16	
11			5		8	3			15	12		9			2
				13	16				7	6					
	16		14	2	7		4	3		13	5	1		6	
			7		4	14	1	5				16			
	9	1	8									5	15	10	
5	4	15		9			12	2			10		14	3	11
6			16	10		11			14		8	2			9
1			10	5		12			9		6	11			8
9	8	6		11			3	12			13		7	5	1
	7	5	4									10	6	9	
			11			1	7	5	10			14			
	5		3	16	14		2	6		15	12	8		1	
					11	6			2	14					
16			6		12	5			13	11		3			7
	14					7	8	10	3					11	

DIFFICULTY ❀❀❀❀❀❀

数独

BEGINNER 29

14	7			5		16	3	2	4		1			15	11
13				12			11	3			7				2
		2	11			14	6	15	13			3	7		
		3		7			2	10			8		13		
6	10		15	8			4	7			9	16		13	1
					9					2					
1		11				12			5				4		3
16	12	4	9	13							11	8	2	6	5
15	6	12	16	10							2	13	1	4	14
7		10				6			16				11		12
					2					1					
8	2		5	16			12	11			4	15		3	6
		6		2			8	1			5		10		
		1	3			15	5	16	2			9	12		
9				3			16	8			14				4
2	4			9		1	7	12	15		10			11	8

DIFFICULTY

BEGINNER 30

		3			14		8		15						
	10			6	11	8	16	9	12				4		
		9				12	1				11				
8			12	16	13	1		4	10	2	9				7
			16	9					7	14					
	1		9	16	5	3	4	12	14	7		2			
14	2		8	11			9		16	6			13	12	
	7	5		12	8			3	13		9	16			
	11	6		4	16		1	2			15	8			
15	3		4	2		11	14		9	10		7	6		
	8		13	3	7	6	10	11	4	5		9			
		10	15						8	16					
12			1	6	8	10		2	3	9	11			5	
	3				13	8				7					
	13			5	9	4	15	7	11			10			
		7			3		10		13						

DIFFICULTY ✿✿✿✿✿

BEGINNER 31

		9		6	7			10	3			1			
	1				13	8		7	9				3		
7			14	12							2		9		8
		10	12	9		15	4	1	16		13	14	2		
		4	13	15	9					10	6	1	8		
6				8	12		14	2		7	1				15
15	9		5									10		2	3
	8		7		2		1	3		5		4		6	
	12		15		4		7	6		1		13		5	
13	3		1									8		14	6
16				11	13		6	9		12	10				2
		11	6	5	1					13	15	7	4		
		6	16	4		11	13	10	1		7	5	9		
1			2	10							12	6			4
	11					16	15	14	4					8	
	14				7	12			8	6			3		

DIFFICULTY ✿✿✿✿✿

BEGINNER 32

9						15	4	7	11						1
	4	14		11		9	6	8	2		10	13	3		
	5	13	2	16		12		15			6	8	9	7	
	15	10			8				13				6	4	
	9	11					8	2					16	12	
			4		12	16			7	8		11			
15	13	3			9				10				7	6	8
2	7			14							9			10	3
3	16			10							14			15	6
4	6	15			7				11				13	9	2
			10		13	8		1	15		16				
	2	8					15	12					10	14	
	4	5			11					6			15	13	
	11	14	6	15		10			3		13	2	5	1	
		9	15	8		7	5	14	10		16	6	11		
10						13	1	15	12						7

DIFFICULTY ✽✽✽✽✽

数独

BEGINNER 33

11	9	1		16	8			14	15				10	4	6
6	13		16	10					5			8		2	15
7				15	14				1	6					16
	15		8	6			9	12			13	7		3	
		15	4	7						8		3	12		
12	11	10				2	15						6	13	8
13				12	10			14	3						2
		7		13	14			6	12		11				
		15		5	10			1	4			6			
8					6	7	16	5							11
4	3	11				13	8				7	16	12		
	13	2	8					14	1	4					
	16		9	4			14	5			3	12		8	
5				11	12				2	1					7
1	7		10		6				14		16		11	4	
3	4	12			1	15		13	8				2	6	9

DIFFICULTY ❀❀❀❀❀

BEGINNER 34

	4	9		1		16	2	12	15		8		14	3	
11	14			15							6			2	8
3			1		9	10			13	4		16			7
		16	10	12							14	4	6		
4	7		5		15		11	1		12		9		10	16
		11		4	14				3	13		12			
12		1					9	14				13			4
16				10		3			7		9				2
14				2		7			5		3				13
6		4				12		8					1		5
		10		3	13				16	4			11		
7	1		9		4		8	10		13		2		6	3
		3	13	5						16		11	2		
10			14		2	4			12	8		15			6
2	16			9						10				4	12
	12	6		7		14	16	2	9		11		5	8	

DIFFICULTY ✿✿✿✿✿✿

		12				15	13	7	10				3		
	11		14				5	4				6		8	
7		3			9					5			15		13
	8		9	12	2	14			6	15	13	5		7	
			13	14	7	8	15	6	12	10	9	2			
		9	11	13	5				16	2		1	12		
12			8	4						15		7			10
15	6			9						4				14	5
9	12			2						16				10	7
10			15	1						7	11				8
		8	3	15	11				13	10	12	5			
			7	3	10	5	16	12	1	14	8	9			
	15		4	6	16	1			14	3	11	8		5	
6		11			15					12			7		3
	9		5			11	2					10		12	
		14			2	10	8	9					1		

DIFFICULTY ❀❀❀❀❀

BEGINNER 36

		11	1			3			8			14	13		
			13		11		9	1		15		4			
9				5	8					11	13				6
3	5		15		16	7			6	12		9		11	10
		10		12	15	11		13	2	7			16		
	7	15	6	8	1				3	5		2	11	14	
13			11	9		5		15		8		12			7
	16						6	10					9		
	4						8	15					16		
16			10	15		1		4			14	11			9
	9	8	5	16	4				6	12	3	10	2		
		12		6	3	13		2	16	10		7			
1	11		16		10	6			3	13		7		15	12
10				11	5				4	15					2
		12			13		16	11	7			10			
		6	7			8			16			13	9		

DIFFICULTY ✽✽✽✽✽✽

12	3					10	15	2	14					5	8
1		6			14		5	15		7			10		4
	8		14									15		11	
		15		8	2	16			4	10	11		6		
			13	1		2			7		12	3			
	12		1			3	7	5	6			14		13	
9			2	11	6					3	13	4			1
3	6				15			14	4		2			8	5
4	9				10		3	13		16				1	12
5			15	14	12					9	4	6			16
	2		16		6	4	3	15				8		10	
			3	16		7			8		10	5			
		1		3	4	8			9	5	15		16		
	7		9									10		3	
13		2			7		16	10		4			5		6
16	4					14	11	12	13					15	9

DIFFICULTY ✿✿✿✿✿

BEGINNER 38

	13			8		6	3	7	2		15			4	
8		5		14	1					10	11		16		3
	10					4			14					1	
			3	15	9	11			5	8	16	14			
9	11		7			3	1	2	10			15		8	13
	2		10			9			8			1		6	
3		8	12	10	15					4	13	11	2		14
5				2							6				12
12				7						2					5
4		6	8	1	13				3	5		12	15		16
	5		11		10			1				4		7	
10	7		1			15	9	6	12			13		3	8
			6	11	5	7			3	9	10	2			
	9				13				4					15	
13		4		9	3					5	7		12		6
	12			4		16	15	11	13		1			5	

DIFFICULTY

数独

BEGINNER 39

7		16		15	13				2	3			5		11
	4	11				7		5					14	12	
12	10		2		5		16	9		13		8		7	4
		3	13	4	2				7	14	15	16			
15			7	14	3				16	12	10				9
16		13	3	8						10	11	2			14
	14					2	1						13		
	2				16	5	11	13				15			
		10			13	1	4	15				6			
	9					14	7						3		
8		1	11	2					13	5	4				12
3			12	6	15			1	16	14					2
		14	10	1	6				4	7	16	9			
6	3		15		4		12	10		8		13		2	7
	2	4			10			16				12	8		
11		12		13	8				15	5		1		10	

DIFFICULTY ✳✳✳✳✳

BEGINNER 40

	3	13		8			11	10			7		9	15	
9	8					6			11					16	12
10		1	16	9						12	4	13			6
		12	14		1	15	10	4	13	8		11	2		
13		14					1	5					7		11
		11		13					10		2				
	6		7			11	5	15	2		3		9		
16			4	6		10			7		13	12			15
5			8	11		7			1		15	9			16
	4		1			9	6	3	16			15		11	
			2		12					11		6			
12		11					4	9					3		7
		5	6		10	4	8	16	3	14		13	11		
11		15	10	3							4	8	5		2
8	13					14			5					7	4
	16	2		5				9	6			10	15	1	

DIFFICULTY ✿✿✿✿✿✿

数独

1		7		4	16					10	6		14		11
		14			3				12				8		
13	16		3		15		1	8		11		6		9	4
		12			11	2	6	7	1	3			13		
11															13
10	1	8	6			5			3			4	15	11	9
			13		8	7	9	10	14	4		2			
		16	14			6	12	5	15			10	7		
		3	9			8	4	14	2			13	11		
			8		5	14	11	1	12	16		7			
7	15	1	10			13			8			9	4	14	16
2															5
		15		9	11	10		16	7	1			6		
16	11		12	6			5	3		14		8		15	7
		9			13					15			5		
8		6		15	7					5	12		9		14

DIFFICULTY ✿✿✿✿✿✿

BEGINNER 42

3	6	5				13		9				12	16	4	
1		15			10				11			7			3
7	4		2				3	16				14		13	11
		11		1		12	7	14	3		4	10			
			7	10	5		8	1		3	2	4			
	12			13						14			1		
6			4		2	12		9	15			10			7
		10	8	7		16			4		11	2	15		
		13	11	3		10			7		16	1	6		
14			1		4	15		10	13			12			9
	5			6						3			10		
		3	8	13		5		11		9	6	16			
		1		12		5	11	15	8		9	14			
5	7		15			2		6				13		11	12
4		9			6					16		2			1
10	11	8				14			12			5	7	15	

DIFFICULTY ✿✿✿✿✿✿

BEGINNER 43

	4			12		16		8		7				5	
7		12		14					4				2		13
	1		2	11		7		5		13		8		14	
		10	6		8	4		3	11			16	1		
		4		8		11		7		1			6		
3	2		12		10		6	15		13		1		11	14
		6	9	15			12	11			8	7	3		
11					2	16			6	10					15
2					5	8			11	12					4
	16	15		10			11	9			5	13	12		
12	11		4		16		2	13		3		6		8	10
		1		13		12			16		7		5		
	13	7			11	6			15	14		9	10		
	6		14	3		5			12		10	2		13	
1		15			7					9			11		3
	3				1		8	7		6				15	

DIFFICULTY ❀❀❀❀❀

BEGINNER 44

11				13	3	1			15	8	2				6
	15			8			6	13			7		4		
		3				15		16				2			
			14	12		5			6		10	16			
1	2		3	4	10				7	9		12		13	16
14				2			12	4		16					1
12		13	16				7	15				11	4		10
	4				13	16	14	6	10	12				7	
	12				4	14	1	16	3	6				2	
4		8	13				11	10				6	1		7
5				6			10	11			13				15
16	14		10	15	2				1	4		3		11	12
			11	16		12			4		15	7			
		14				4			1				16		
	1			10			9	14			12		3		
10				1	14	11		5	13	6					8

DIFFICULTY ✿✿✿✿✿

数独

BEGINNER 45

6		15		7	14					4	3		10		11
		9		16	11	8		13	2	7			15		
7	13				10				11					4	6
				15		2	12	6	5		9				
2			11			6	10	14	1			9			12
3	15	1											4	14	2
	6		9	13		14			4		16	5		1	
	7		14	12							13	10		11	
	11		10	16						2		8		9	
	5		7	2		4			6		14	3		13	
15	3	2											7	16	1
14			13		15	7		3	16			6			10
				14		9	13	2	11		4				
13	1				2				3					6	9
		11			5	12	15	1	8	14			16		
5		6		11	3					15	7		2		14

DIFFICULTY ✿✿✿✿✿

BEGINNER 46

	10		9	7						15	11		2		
3	1					13	12							8	16
		16	5	15		2			1		8	13	3		
2		11	13	14			16	3			4	12	1		15
9		12	16	13						11	4	14			8
					9	12			4	5					
		6			3		15	16		1			12		
	14		15			16	11	9	2			1		13	
	12		6			13	10	1	14			15		7	
	2				5		7	8		12			9		
				15	4				7	3					
13		14	1	8							10	3	16		5
8		1	2	16			12	4			9	6	15		7
	13	4	1		15				11		3	2	10		
14	15					5		2						4	9
	11		3	4							7	5		16	

DIFFICULTY

BEGINNER 47

	15			13							10			1	
16		12			15	8			14	7			9		6
	7	5					6	11					12	4	
				14		7	5	9	6		12				
13			6	12	2			10	9			8			15
	5			16	9				4	8			2		
	1		3	11		4	15	6	16		14	9		7	
		15	2			10	7	12	5			14	4		
		7	5			11	2	10	9			15	16		
	11		12	15		9	10	1	8		7	4		3	
	9			4	14					3	16			5	
14			4		1	16			12	11		2			9
				3		14	9	16	4		6				
	10	13					11	5					6	14	
7		11			16	5			1	13			3		4
	12			1							15		9		

DIFFICULTY ✿✿✿✿✿

BEGINNER 48

10	3	16		14	5					9	15		4	2	1
8		13		15			11	6			3		9		12
15	6	5			10					12			8	7	14
			11		2	4			10	7		3			
6	15					3	13	4	8					1	7
11		8	10									14	16		5
			13	9		14			11		2	15			
	4			8							6			11	
	1			5							13			12	
			8	6		11			5		4	9			
13		6	5									4	11		8
9	11					12	4	3	2					6	13
			3		9	10			1	2		6			
5	13	15			14					3			2	10	4
14		10		11			15	16			12		1		3
1	9	7		4	3					10	5		12	13	11

DIFFICULTY

Super Sudoku 59

BEGINNER 49

5		11			15			10					14		6
	1	2		8			12	14			3		15	11	
13	16	15				10			1				2	7	12
			4	1	3				15	11	8				
	4		2		16				10			7		13	
		11	12	14				8	6	16					
15		16			2	13	9	3				11			8
	5				4	1	13	16					10		
	10				1	6		11	14				8		
9		4			12	10		3	15			13			11
		8	11	13					16	2	5				
	14		7		5				12		10		9		
		15	10	1				2	14	9					
4	9	14			11			5				10	12	1	
	11	13		15			16	6			10		7	2	
12		10			9			13					3		5

DIFFICULTY ❀❀❀❀❀❀

BEGINNER 50

		4		15					3			9			
	1		9			3		15				10		2	
2			5			7		10				12			16
	14	12		4	8		9	5		13	16		6	15	
			14	6							5	9			
4			6		9	8	3	10	13	2		14			7
	2	1			5		4	8		14			13	10	
			12		2	1			16	9		6			
			3	10	4				11	7		5			
	4	16			7		13	14		15			3	11	
1			15		11	6	5	3	4	8		16			9
			7	2							10	4			
	3	9		5	6		7	2		4	13		1	14	
16			1			11			3			13			8
	6		8			14			12			3		4	
		10			12					16		11			

DIFFICULTY ✿✿✿✿✿✿

16x16
INTERMEDIATE

INTERMEDIATE 1

16						12	1	6	8						2
		12		5		10	13			11	9				
		4	8	11						1	7	14			
	14	8		9	2			5	12				10	13	
	8	3			6	15		2	11			16	14		
	12	15	9			3	10		4	2	7				
10		7	11	14					8	13	3			9	
	16			2					5				4		
	4			1						8				9	
5		14	7	2						12	16	4			15
		9	8	10			4	15		6	12	1			
	15	2		5	7			9	13			11	8		
	3	4			14	6		12	10				9	16	
		16	13	10							4	2	6		
		14	4				2	11			5	1			
7					9	11	14	1							4

DIFFICULTY ❀❀❀❀❀❀

INTERMEDIATE 2

	14	6	11									13	1	9	
9			7	8		10			5		1	12			4
13		3											10		2
10	5			4	1	13			11	8	7			15	16
	1		6		4		10	2		7		16		11	
			8	14		3			1		12	4			
	9		14		12		8	15		4		7		13	
				2		6			13		5				
				10		11			4		3				
	10		3		8		15	13		14		2		4	
			15	3		16			2		6	10			
	6		2		13		9	12		15		3		14	
2	3			15	10	7			16	5	8			12	13
1		11											4		10
6			16	11		1			9		13	14			7
	8	10	4									5	3	1	

DIFFICULTY ✿✿✿✿✿

INTERMEDIATE 3

		7			3	9	10	11				6			
	4	3		7			10	9			1		2	12	
11	1		6			14	12	7	2			13		4	8
		2	12				15	16				3	11		
	3				2	10			16	7				8	
				11	1					3	13				
1		6		15							9		13		3
4	5		2				16	12				9		6	11
14	11		15				4	2				10		9	6
3		12		10							11		5		13
				12	16					9	10				
	16				8	15			13	5				1	
		14	8				11	3				12	1		
10	12		1			16	8	14	9			6		11	2
	15	4		14			3	6			5		16	10	
		11				9	7	13	12				15		

DIFFICULTY ❀❀❀❀❀

INTERMEDIATE 4

6	5		1		7					11		16		13	9
4	9			10	16			7	5					6	3
		3	11	2	5				15	9		8	7		
8		16	12			6		4				1	15		5
		2		15		14		12		5		10			
5	8						11	6						1	2
	1		3	12						16	15		7		
				16		6		1		7					
					2		10	15		12					
	4		8	9					3	10			5		
9	11						7	13						14	4
	5			6		3		8		10		1			
16		1	9			2		10				6	14		13
	11	4		1	14				6	12	5	16			
14	10			11	4			13	2					15	1
12	15		5		6				1			11		3	8

DIFFICULTY ✽✽✽✽✽✽

INTERMEDIATE 5

6			3		1		10	9		2		16			13
	7	13		9			12	8			10		15	3	
	12	15		4							16		5	9	
10			9			8			13			11			14
	8	5		14	4	12			10	13	9		6	2	
12				15	3					5	8				16
			7	11							2	8			
3	16					13			1					15	5
1	10					7		9						13	11
			5	13						6		12			
9				10	5				11	13					7
	11	16		2	15	3		14	7	1		9	8		
11			8			5		15				6			2
	13	6		8						3		7	12		
	9	12		3			15	5			7		11	10	
16			14		10		2	13		12		3			15

DIFFICULTY ✵✵✵✵✵

INTERMEDIATE 6

	3	1		11			12	5			10		2	4	
10		9		8		1			11		4	13			6
4	13				10	14			2	8				12	11
				2	6					9	1				
6	5		3				15	4				10		9	13
		10			1					16			6		
	1	2		3			4	6			15		11	14	
8				6		11			7		5				15
1				14		13			8		12				7
	12	5		7			2	3			14	10	6		
		8			9					5		16			
7	4		14				11	13				9		1	12
				9	12					2	6				
3	6				14	5			10	4				15	9
5		4		1		2			12		13		14		3
	2	15		4			16	14			8		7	10	

DIFFICULTY ✿✿✿✿✿

INTERMEDIATE 7

		9	5			13	12	4	16			10	1		
	8	4	2		14					13		12	9	3	
13	7						8	1						2	5
14	10			1							5			15	7
			3		12	2	15	10	4	7		9			
	2			14	8				9	3			11		
10				3		1			15		13				4
9		8		13						11		15			2
4		10		2						15		5			12
7				10		5		1		4					13
	6			4	15				10	16			1		
		11		13	12	1		6	14	5		7			
2	4			5							6			9	8
5	14					11		3						12	1
	1	11	10		4					15		14	6	5	
	16	7			8	10		12	5			13	2		

DIFFICULTY ✿✿✿✿✿✿

INTERMEDIATE 8

3		5		1			13	9			10		11		4
		2			6					8		10			
8					4	10	12	14	2	5					13
	16		10	11						13		8		1	
9			6	15	13				1	2		12			3
	7	2		9			4	10		8			13	6	
		15			14				11				16		
14		11			10		7	12		9			15		1
6		10			12		11	2		7			3		5
		7				4			12				9		
	9	14		6			10	15			3		1	11	
13			15	14	8					11	5	16			12
	4		11	13							15	7		12	
15					11	6	16	8	13	2					10
		1			5				12			6			
2		16		10			3	1			9		14		8

DIFFICULTY �֎�֎✶✶✶

INTERMEDIATE 9

10	8	16											14	12	7
13															15
15		11	6		5	9			7	4		16	8		10
		12		10		3	7	8	2		14		11		
			8	3	6	13			4	9	7	5			
		14		5			15	10			3		6		
		5	4	9	16					12	8	15	7		
		3			7		10	1		6		11			
		10			13		3	6		5		9			
		7	5	1	10				15	11	14	12			
		4		11			9	16			13		5		
		11	6	12	2			3	1	9	13				
		13		7		6	16	14	1		10		4		
4		1	7		11	10		15	13			6	3		12
11															9
8	14	6											2	16	11

DIFFICULTY ❀❀❀❀❀

INTERMEDIATE 10

4						3		13							14
	9	1	6				4	15				2	13	7	
	13	5	14		6					11		10	9	16	
	2	7		1							16		12	6	
			10	7	14	8		3	4	9		16			
		16		5	9	15			14	1	6		10		
12					4		3	2		8					13
	7					2	6	16	10				4		
	10					12	5	13	16					14	
5					10		15	8		9					16
		2		14	13	6			7	5	10		11		
			7	16	2	11			15	12	4	8			
	11	14		13							15		6	3	
	5	13	16		15				6			14	4	10	
	6	3	2				16	7				15	8	13	
9						14		5							11

DIFFICULTY ✿✿✿✿✿✿

INTERMEDIATE 11

		16	13	4						11	3	7			
	8		12			5	13	14	15			4		10	
15		3			6					7			14		2
4	6		14			15			8			13		5	1
7				10	15		12	9		14	5				13
3		11		14	4				13	12		2			5
	5		4									7		1	
	12			5			1	4		15			14		
	7			11			6	1		9			2		
	11		10									8		9	
6		12		1	5				2	7		16			11
9				15	10		8	16		4	14				3
11	14		15			1			3			16		8	12
12		5			13					16			10		14
	3		7			2	5	12	14			1		11	
		1	16	3							2	15	9		

DIFFICULTY ✽✽✽✽✽

INTERMEDIATE 12

15	3				5	10			12	1				16	8
8							11	5							2
		12	5		6					8		3	7		
		10		1	9	13	8	11	2	3	4		5		
			6			9	1	16	4			11			
11		7					10	15					9		6
		4		2		11			8		6	5			
	15		8	5	7					9	1	12		2	
	11		13	14	15					5	16	10		1	
		9		3		6			14		15	7			
4		8					12	7					14		5
		15			8	9		3	13			4			
	9			10	8	1	4	13	7	6	3		12		
	4	12			11				15			16	6		
6						2		1							4
7	8			12	15				9	10				5	14

DIFFICULTY ✿✿✿✿✿

INTERMEDIATE 13

	11	7										4	16		
2	16			7	5	14			1	3	12		6	11	
14			5	12			16	15			11	2			10
		12		6	3				2	4		7			
	12	15	10			13		2				7	14	5	
	6		1				7	10				3		2	
	14			10		6		8		3				15	
		16			2		14	6		7		13			
		6		14		8		1		5		10			
	5			15		2		3		6			1		
	2		16			6	14				13		9		
	4	14	11		10			12			6	15	8		
		2	14	4				12	9		8				
16			14	11		2	3			7	1				12
13	7			9	15	16		6	11	1			4	3	
	15	3									6	10			

DIFFICULTY ❀❀❀❀❀

INTERMEDIATE 14

	5		8	6			4	11			12	2		7	
11	1				8		12	7		16				15	4
		14	11	16			15	3		1	13	5			
15		12											16		3
10		15				8	13	1	7				5		11
	9	5											2	13	
				4			14	13			8				
13	14	6		5		12			11		10		3	8	9
2	10	11		8		13			14		16		15	3	12
				10			7	2			3				
	3	8											4	6	
5		9				15	6	8	13				11		10
16		2											6		14
		10	7	15		5		12		4	6	3			
1	6				11		8	14		5				9	13
	12		9	2			10	15			1	8		11	

DIFFICULTY ✿✿✿✿✿✿

INTERMEDIATE 15

4			8	14		5	3		1			13			10
				2	6					10	12				
		16	14		11	9	15	5	2	4		1	7		
12		7	6									5	15		16
				3		5			8		6				
6	4	5				12			10				8	14	13
		12		10	8		14	7		2	9		1		
14		8			6				4				11		5
8		11			13				1				4		9
		4		5	15		6	13		3	2		16		
13	12	9			11				15				6	10	3
				16		7			14		4				
2		14	16									11	13		8
		6	1		4	10	7	15	3	11		16	12		
				11	5					8	1				
11			12		16		9	6		5		4			14

DIFFICULTY ✿✿✿✿✿

INTERMEDIATE 16

16	2			4			14	6			9			1	11
15			9									14			10
		3	8	11			12	7		16		4	15		
	6	7			10	8	13	11	3	14			12	16	
7					15	5		1	4						16
		9	5		14				7			13	8		
				13		16			8		3				
10		6	3	11						13		15	5		12
2		8	7	15						4		1	6		13
				3		13			1		8				
		5	13		12					9		16	11		
12						4	6	10	7						14
	7	10			2	9	15	3	11	12			1	8	
		15	6		4		3	13		1		11	16		
8			14									6			15
3	4			14			1	8			10			12	7

DIFFICULTY ✤✤✤✤✤✤

INTERMEDIATE 17

			16		2	10	3	11	9	1		15			
	9	14				16			5			10	12		
	12		13	6						8		4		11	
10		6	11									16	1		3
		13		16		12	9	14	3		7		8		
					11		13	15		5					
15	3			10			4	16			9			6	1
8				5	15	7			6	4	10				12
16				13	12	14			1	10	4				15
12	14			9			16	13			2			8	5
					3		6	12		14					
		3		2		15	7	6	11		5		9		
5		11	1									8	14		9
	15		3	4						1		12		16	
		12	7			6			14			1	4		
			8		9	1	14	5	12	7		6			

DIFFICULTY ✿✿✿✿✿

INTERMEDIATE 18

7			6	3		16			10		8	2			5
	8	4			5	10	9	12	2	1			11	3	
	12	5		4		14			9		16		10	8	
3				8							4				13
10		16	5									8	6		2
	2				9		15	16		5				7	
9	14	8											12	16	11
	13				6		16	7		12			4		
	15			16		3	8		9				12		
16	9	7										14	15	3	
	6			10		14		4		3			5		
12		3	4									1	2		10
13				11							15				6
	3	15		14		12			4		11	16	2		
	10	14			3	13	4	5	7	8			1	11	
11			16	9		6			12		2	4			8

DIFFICULTY ✿✿✿✿✿

Super Sudoku 81

INTERMEDIATE 19

6	5		8		1				12			15		13	16
12				4	14	6	11	5	7						10
		3				10	1				5				
16		1		5		15		13		3		8			12
		4		8			15		10						
15	13			10					2				16	7	
	12		2		13	16	8	7			6		5		
	7	10			9	14	4	1				15	2		
	15	14			4	13	6	2				7	10		
	10		11		7	2	15	14		16		4			
7	6			1					10			9	15		
		1		10			3			12					
14		12		6		2		9		11	10		5		
		9			11	7					2				
10				7	12	1	16	15	13						6
11	4		7	13					2		9		15	8	

DIFFICULTY ✿✿✿✿✿✿

	5			15		14			1		2			8	
10					2	7			5	9					14
16			9		6		3	8		15		7			11
		2	6				8	14				12	5		
15						16			9						6
	6	9			3		15	16		5			4	11	
3	16			8		4			13		10			7	2
		7	2		12					14		9	8		
		11	5		14				13			2	10		
1	7			10		15			12		5			6	13
	2	16			4		5	15		8			3	9	
6					12				16						4
		15	10				13	5				6	9		
8			3		10		11	6		1		5			12
7					15	5			2	16					10
	12			7		6			8		15			1	

DIFFICULTY ❀❀❀❀❀❀

INTERMEDIATE 21

10			14	11			12	16		9		1			15
	3	1		10	6			12	15				7	4	
		6	15		9					1		3	12		
		16		4			15	13			11		10		
			13			3	9	11	6			8			
15	6	8											2	14	3
	4			12		5			2		3			11	
16			10	2							4	15			12
13															4
	15			1		10			5		16			3	
11	14	9											15	16	1
			12		8	3		4	14			5			
		11		9			4	2			8		13		
	12	5	9		14					3		4	8	15	
	13	4				11			9				14	6	
14			8		16		6	12		4		10			9

DIFFICULTY ❀❀❀❀❀❀

INTERMEDIATE 22

	5			9							7			13	
6			13		5	1		16	9			8			7
		10	7		8				1			3	15		
	12	11				4	3	14	10				5	9	
15				14		13	11	3	12		9				4
1	8				3				13					14	5
	4		9	12						16	10		2		
			3	4						1	6				
			1	6						3	2				
	14		16	2						13	5		3		
3	9	7			8			2				14	12	10	
12						11	5	1	15						6
	6	8				2	4	9	5				1	16	
		14	2		11				13			4	6		
10			12		15				3			7			13
	15				1	12				14	4			8	

DIFFICULTY ❀❀❀❀❀❀

	8	3			10	7			12		1				
	14		12			1	11	10	3			6		4	
5			6		12					1		16			15
	4		1									3		8	
8				13							16				1
		2				15	3	4	14				12		
	5				8	6	14	12	10	11				3	
	9	4			11					13			5	10	
4	10	13			6					16		15	14	3	
	1				3	7	15	14	9	4				11	
		14				12	16	8	5				9		
7				4							10				13
	3	7	5									4	8	9	
			10		4		12	9		5		11			
	8		14			3	9	6	4			7		2	
		6		11			1	3			2		16		

DIFFICULTY ✿✿✿✿✿

9	11		15				4	3				5		2	8
4				7					13						1
			6	8		13	3	5	1		4	12			
13		2		16	11		1	10		15	9		7		14
	8	4	10	14			15	7	1	9					
		16			7				4			13			
		9			15	5		14	8				11		
		12	5		10				3			8	4		
		11	12		8			4				1	3		
		5			16	15		7	11				2		
		4		13					5		11				
	15	13	7	2						3	9	14	5		
2		3		1			16	4			7		8		13
				10		6	12	9	16		1				
				11							14				
	10		11				14	12				3		16	

DIFFICULTY ❀❀❀❀❀

INTERMEDIATE 25

				16			1	4			10				
	13			11		10	3	1	16		9			5	
		9	7		6	8			15	3		1	11		
			14	5							2	10			
7	16		9				6	15				14		11	2
		14				3	11	9	1				5		
	3	15			2		13	8		11			16	6	
5	8			9	10					2	7			12	13
11				10	8					12	15				14
	6	10			7		4	2		13			3	9	
				16	2	3	9								
8	14		13			9		6				5		2	12
		8										7			
	4	15		13	1			8	16			2	10		
	7			6		2		4			13		16		
				14			10	12			11				

DIFFICULTY ✿✿✿✿✿

INTERMEDIATE 26

			11	16		5		2		10		1			
	16			15		12	9			13			2		
	5		8		4			15			12		3		
10		2		1			3	12			5		9		6
	14		9									7		6	
13					10	6		8	2						1
	7				15			10				8			
11	10		12		5					9		16		13	15
16	11		5	2		1		7		13		6		8	14
	9	2		10	16				3	4		11	5		
4				13	14	15	5								12
	15		6									10		9	
5		3		11		8		1		16		4			2
	13		14		9			7				5		11	
		4		12		16		11			8		10		
			10		4					12		3			

DIFFICULTY ✲✲✲✲✲

INTERMEDIATE 27

12							13	16							2
		16	11	2	12				14	13	9	8			
8							14	10							16
	14	13			16			8				15	4		
	12			4		14			2		3		6		
	9				3	6		4	15				14		
			1	5	16	12			6	11	7	15			
16		7			9		15	12		1			2		3
7		6			15				8			5			9
			9	8	1	6		4	13	15	3				
	8					4		1					12		
	1			13		7		12		6			15		
	11	9				1		10				3	16		
14	13					3		7						10	4
	12	7	11	5				4	16	13	9				
15		4				2		3					1		7

DIFFICULTY ✳✳✳✳✳

16×16 Sudoku grid:

1	2	3	4	5	6	7	8	9	10	11	12	13	14	15	16
					15			16							
	16	3		8	5			9	4			6	11		
	2	5		12	6			11	3			8	15		
	15	6	8									10	4	9	
				7		1	11		9						
	1			4	13	12		14	15	3			6		
	9	3		15					1			12	8		
5				3		11	9	4	12		7				10
9						1	2	15	13						16
	14	12			3		11	2		6			8	5	
	3	10		14	6					8	5		7	12	
					16		13	9		12					
		14	12									11	3		
	10		16		5	13			15	14		2		1	
		5	9		14	2			4	10		15	16		
					10	4	8	2							

DIFFICULTY ✿✿✿✿✿

INTERMEDIATE 29

	9		7	8							4	12		3	
3			13		9					6		7			2
				7	12	15			3	16	11				
16	11						1	7						5	8
6		4	14	10		8			13		16	5	15		1
	2	13		15			6	5		1			7	9	
		16		1						15			6		
			1		4		14	3		9		11			
			9		8		10	11		2		14			
		3											11		
	7			16			15	13			10			8	
14		8	6		7	2			5	1		3	4		15
2	14			9			12	8			6			11	10
					2	5			10	3					
8			3		6					11		9			14
	6		11	13							14	2		4	

DIFFICULTY ✸✸✸✸✸

INTERMEDIATE 30

10			3	1		9			4		5	11			8
		12		7			4	6			11		9		
	9						15	12						6	
5			11	8							3	14			4
15	1		9			7			2			4		5	13
		3				11	8	4	1				16		
12				6	16				7	9					2
	4				9				5				8		
	7	2			11				12				4	3	
1				14	12				8	16					10
		5			2	7	15	10				11			
9	10		8	3		13			6		14	1		12	7
6			4	2						7		10			12
	15				5		11	10		14			9		
		10				13	11					5			
11			5	9		10			15		4	13			16

DIFFICULTY ❀❀❀❀❀

INTERMEDIATE 31

5			10				12	16				14			6
			14	11		15			5		10	8			
		6				9			2				10		
9	15				10	2			3	7				11	1
8	6			9	12	4			1	15	2			5	7
			1	13	7					4	9	2			
	16	9	7	2		1			14		5	10	11	6	
2															3
10							14	6							4
	5	13		8		12			9		4		7	3	
		12		7	11				1	13	16				
15	14			1	6	10			12	5	7			13	8
1	10				9				2				8	13	
	15				11			7				4			
		3		5							1	9			
12			16			6		9				3			15

DIFFICULTY ✿✿✿✿✿✿

INTERMEDIATE 32

	7			2	16		15	5		11	8			10	
12	8			6		1			13		9			5	2
		10	2									8	1		
		16	1	4							2	11	14		
	12		6									2		8	
10					2	13			9	8					6
	5				12		16	2		6				9	
		11				7	6	16	10				12		
		2			11	7	15	3					16		
	10				1		12	8		7				14	
7					14	3			11	13					15
13	14		4	10							5	3		7	1
		6	16	3							14	4	8		
		8	12			14	9					1	6		
9	1			13		10			8		16			15	14
	3			16			8	4			11			12	

DIFFICULTY

Super Sudoku 95

INTERMEDIATE 33

9	14					10		2						7	5
		1	8	3	13				5	7		10	12		
	13				5		2	15		8				11	
	2		10	6	12				11	14	1		3		
	5	9	11			7			3			16	4	8	
4	8		2									9		5	10
15				13			11	14			8				2
					9				1						
					2			8							
13				10			15	9			12				4
14		16	5									8	7		13
	10	12	15			14			13			6	11	1	
	3		12	7	9					10	13	14		15	
	4					14	7						12		
16		5		11	10				12	3			9		7
10	9				6	12		14	4					13	16

DIFFICULTY ❋❋❋❋❋❋

	4		16									6		14	
11					13	14	10	1	6	4					7
		3		4			12	14			7		15		
6			15		7					11		1			13
		6		15		4			10		9		13		
	12		4		14	1			5	6		2		10	
	10			5	9					8	14			11	
	15	2					7	16					1	8	
	7	10					3	4					9	2	
	11			14	1					9	8			5	
	5		14		2	8			1	7		4		13	
		1		9							2		12		
12	13		11		3				10			16		7	8
	8	4		11			14	3			12		2	9	
7					5	9	16	8	11	2					15
	2													1	

DIFFICULTY ✿✿✿✿✿✿

INTERMEDIATE 35

7	10													11	6
4				3		14	8		6						12
	11			2		12			10		9		8		
			9	13	10	6		15	2	16		14			
	2			7					13			10			
	4		10	14	12				9	5	1		16		
16			8			4	10				2				9
	11				13	1	4	3					12		
	9		5		16	13	11	4			6		2		
1		7				9	5				11				16
	6		13	1	5				8	14	4		9		
	10			6				15			1				
		7		10	6	3	2	8	11		12				
	9		7		1			6		10		3			
10				8		15	9		3						5
8	16				11			15						4	10

DIFFICULTY ✽✽✽✽✽

1			11				6	13				4			16
	4				1				12				9		
	15			16			2	14			1			3	
6			10	13		9			5		2	8			15
		8	3		10		12	1		14		13	16		
	14			8	15				7	12				11	
		16			6			4				14			
15		7		5			16	3			9		6		1
13		14					1	10					3		5
			1			2		8				16			
	12			14	7				16	3				6	
		9	5		16		11	4		13		2	12		
16			12	1	8	5			13	10	7	15			4
	10			6			9	5			15			1	
	5				12		4	11		8			10		
3			6									7			12

DIFFICULTY ✽✽✽✽✽

INTERMEDIATE 37

1			10	11				3				2			4
						1	8								
			4	13	9	3		5	10	15	7				
14		8	11	4							9	10	16		3
	11	8										3	4		
	6			2	11		9	14		4	5		7		
2		14			16			15					5		6
	5		15	6	7					12	16	11		9	
	3			5	13				11	2				16	
11		10			14			12				6			7
		7			8		3	16		14			11		
		4	1		6					7		15	12		
4		12		7			13	2			14		8		5
			5	9	10	15			11	13	3	1			
						16	9								
13			16		5				10			9			11

DIFFICULTY ✽✽✽✽✽

			14	8	9			7	10			16			
				6							2				
4				15		7	2	3	12		16				5
16			5			3			1			14			6
	6					4	1						8		
8	13				2			3						16	12
11		5	10		13				6			4	1		14
		1		7			16	8			9		13		
		12		10			14	13			3		4		
15		2			4				14				9		8
5	8				1			6						7	10
	4	6				3		2					14	12	
1		8	16		14			4				6	12		15
2			11	1		4	12	16	10		7	5			13
			11	3						5	12				
			12		2	5			13	1		10			

数独

7					13		5		1		15						3
	11	9	14											6	15	1	
	12	16			15			1	7			10			11	4	
	2				10	9					13	4				7	
			12		9		7	2	6	10		14		15			
15																	9
	10				1			4	3			7				5	
8		6				16	10	15	9						7		12
16						6	15	2	14								7
	13				12					6					16		
14																	11
		15	5		4		11	14	16	13		1		2	6		
	6				13	12				11	16					3	
	7	1			3					2				12	9		
	14	13	16			10			7					8	1	11	
11					2					8							13

DIFFICULTY ✽✽✽✽✽

INTERMEDIATE 40

1			4		7		16	11		13		8			9
14		13											15		5
	7	5										10	3		
15				12		11			14		4				13
	5		11	15							2	1		16	
4					1		6	7		11					14
			13	7		2	14	5	8		1	12			
16					10		4	13		14					3
5				12	10			6	4						8
		15	3		5	9	1	2			12	14			
2					11		8	16		10					15
	14		7	16							9	2		12	
8					1		4	12	10	15		7			16
	9	2											8	15	
3		15		2							14		5		4
13						11	3								2

DIFFICULTY ❀❀❀❀❀

16x16
ADVANCED

ADVANCED 1

	4				2	9		5	12					7	
12	6			14		16			1		13			10	5
		11			10		8	6		7		15		6	
		15			5	12		16	14				6		
	1			7			2	9			11			13	
	12	11	7		8		4	14		3		1	5	15	
4			2									9			6
16		6		5	9					12	10		8		3
8		3		12	1					4	5		13		11
14			4									10			7
	9	12	16		7		6	1		13		3	2	5	
	11			3			10	16			15			12	
	7				2	6		13	15				9		
		5			12		15	4		6		13			
15	13			9		4			8		12			16	1
	16				8	5		7	10					14	

ADVANCED 2

7				4	6					11	9				1
	14					3	15	5	1				8		
		3	15				8	6				7	2		
			1	9	5	12			7	8	16		14		
4			8			6			5			9			2
1			16									15			14
	11		13	16			3	7			4	8		12	
	10	14			1	13	2	11	9	6			3	16	
	9	15			3	10	7	13	4	1			8	2	
	7		11	5			1	12			8	14		3	
2			3									10			12
5			4			2			3			1			16
		16		15	10	11			13	12	5		9		
		5	1				6	9				2	4		
	13					5	9	4	6					7	
12				3	2					16	14				8

DIFFICULTY ✿✿✿✿✿

ADVANCED 3

		11	16	2	13				1	8	4	5			
	4		12	16	7				15	5	6		10		
10		13										16		1	
6	3			10	4			9	13					8	14
13	1				5			8						4	16
12	7		9			13	1			11			6	15	
		15	12		1			2		13	3				
			14	2		4	9		12	6					
			5	4		8	14		9	2					
		4	10		14		6		16	15					
15	2		13			1	8			12			9	11	
7	16				13		1						5	8	
2	6			1	16			3	14			11	5		
16		15								3			4		
	13		10	15	11				16	9	8		12		
		14	7	13	3				2	15	1	10			

DIFFICULTY ✽✽✽✽✽✽

ADVANCED 4

	7		16			5		14				3		12	
1			6	14							9	10			5
	10		11	8	3				4	2		6		13	
8	4	3		10			15	12			5		2	11	1
	14	11	15		9				12			16	4	10	
		16		2		11	14	4	8		10		13		
12					4	10		3	5						14
				15					13						
				5				11							
6				8	15			4	14						10
		13		12		1	6	7	5		15		11		
	11	14	8	2					1			9	5	7	
16	3	1		5			10	8			13		15	6	4
	6		13	3	14				16	7		1		2	
7			12	11						6		8			3
	8		10			6		11				5		16	

DIFFICULTY ✿✿✿✿✿✿

ADVANCED 5

2			5				15	10				16			8
	7				3	9			5	8			4		
	4		1				10	14				11		3	
6				2		4			11		3				1
			7	10			14	15			13	6			
	2				5	7			14	12				1	
	12		9	13	15				16	2		5		14	
15	6	5		3			8	1			4		13	16	11
14	15	3		5			2	12			9		6	13	10
	13		11	10	8				6	14		9		12	
	9			12	13				10	3				15	
		12	15			9		4			2	7			
4				12		14			15		6				9
	7		16				5	8				3		4	
		1			2	16			12	4			5		
13			2				6	11				15			16

DIFFICULTY ✿✿✿✿✿✿

数独

ADVANCED 6

A 16×16 sudoku grid with the following given numbers (blank cells shown as empty):

1	2	3	4	5	6	7	8	9	10	11	12	13	14	15	16
		8			3		6		7	11			9		
			1	16	11	13	3	6	8			10			
7	11				14			2						15	4
			9	4	5	8		15	12	13		6			
		15	2				8	6				4	14		
9	13	1	4									15	16	3	7
	10		8						5		15	12			
	3			5		2			9		16	10			
	8			13		9		5		15		12			
	9		11					5	10			16	6		
6	16	10	7									5	13	4	11
		12	5					3		4		14	8		
			3	15	8	5		11	13	7		9			
8	6				1				9					5	14
			15	10	13	11		5	14	16		7			
	5				9	12		8	1				10		

DIFFICULTY ❁❁❁❁❁

ADVANCED 7

9		11	3									8	5		12
	14	4			11	1		15	16			2	7		
15	5			7			8	13			9			14	10
1	8				14					2				11	9
		13		1		9	14	7	5		15		4		
	9				6	7			1	11		14			
	11				5					13			1		
	14			11	3			12	6		9	16		2	
	7			10	1		9	3		16	6			12	
	9				12					1				10	
			14		11	6			4	10		1			
		16		4		2	15	11	9		5		8		
11	16				15						7			8	1
4	1			9			5	12			3			13	14
		2	5			10	11	16	6			12	3		
13		6	7									15	10		4

DIFFICULTY ✿✿✿✿✿✿

ADVANCED 8

2						3	11	1	5						14
	7	9		13	14				3	2			16	1	
	4		14			5		9				8		13	
		5	11	7		15			16		14	2	6		
		11	16	13							2	1	8		
	9					15		3						7	
6	3		4		7				15			12		9	16
15		7			5					12			13		3
7		6		14					3			11			1
12	11		15			1		9				5		14	7
	8						9	10					12		
		10	5	15							1	13	3		
	2	12		11		9			13		15	4	10		
	6		7				14	8				16		15	
	15	14			8	10			7	4			12	5	
8					13	4		6	12						2

DIFFICULTY ✿✿✿✿✿

ADVANCED 9

	12													14	
3	14		4		15	12	1	2				13		6	10
		5			1			10					2		
	15			13		2	6	9	12		11			8	
			10		14		16	5		12		3			
			12	15	2		8	4		10	7	5			
	2		6			10		1				4		15	
	16		14	3	13					8	2	7		10	
	5		13	2	1					7	16	11		4	
	1		9			8		3				6		7	
			7	6	15			10	12		4	1	9		
			2			7		5	6		11	14			
	9			10		13	1	11	8		6			5	
		7				11			16				12		
14	10		15			9	4	13	5			1		3	6
	11													13	

DIFFICULTY ✿✿✿✿✿✿

ADVANCED 10

5	3				13	9		10	12					4	8
		15	7	12							5	14	2		
	13					7	1	9	16				5		
	1		9				10	7				3		6	
	8						15	16					13		
7		13		5						3		6			4
3		14					2	8				10			5
		16		11		8	14	4	1		13	15			
		2		16		11	8	13	6		14	5			
6		8					4	3				13			10
12		10		15					1			9			16
	16						13	11					14		
	5		2			11		15				9		7	
	12				4	7		2	14				10		
		7	15	6						9		1	3		
1	10				8	2		3	11					16	15

DIFFICULTY ✿✿✿✿✿

ADVANCED II

	4					2	9	5	12					7	
12	6			14		16			1		13			10	5
			11		10		8	6		7		15			
		15			5	12			16	14			6		
	1			7			2	9			11			13	
	12	11	7		8		4	14		3		1	5	15	
4			2									9			6
16		6		5	9					12	10		8		3
8		3		12	1				4	5			13		11
14			4									10			7
	9	12	16		7		6	1		13		3	2	5	
	11			3			10	16			15			12	
		7			2	6			13	15			9		
			5		12		15	4		6		13			
15	13			9		4			8		12			16	1
	16					8	5	7	10					14	

DIFFICULTY ✿✿✿✿✿✿

ADVANCED 12

7				4	6					11	9				1
	14					3	15	5	1				8		
		3	15			8		6				7	2		
			1	9	5	12			7	8	16		14		
4			8		6			5				9			2
1			16									15			14
	11		13	16			3	7			4	8		12	
	10	14			1	13	2	11	9	6			3	16	
	9	15			3	10	7	13	4	1			8	2	
	7		11	5			1	12			8	14		3	
2			3									10			12
5			4		2			3				1			16
		16		15	10	11			13	12	5		9		
		5	1				6	9				2	4		
	13					5	9	4	6					7	
12				3	2					16	14				8

DIFFICULTY ❀❀❀❀❀

ADVANCED 13

		11	16	2	13				1	8	4	5			
	4	12	16	7					15	5	6		10		
10		13										16			1
6	3			10	4			9	13					8	14
13	1				5			8						4	16
12	7		9			13	1			11				6	15
		15	12		1			2		13	3				
			14	2			4	9		12	6				
				5	4		8	14		9	2				
			4	10		14		6		16	15				
15	2		13				1	8			12		9	11	
7	16				13			1						5	8
2	6			1	16			3	14					11	5
16		15										3			4
	13		10	15	11			16	9	8			12		
		14	7	13	3			2	15	1	10				

DIFFICULTY ✿✿✿✿✿

ADVANCED 14

	7		16			5		14				3		12	
1			6	14						9		10			5
	10		11	8	3				4	2		6		13	
8	4	3		10			15	12		5			2	11	1
	14	11	15		9					12		16	4	10	
		16		2		11	14	4	8		10		13		
12					4	10		3	5						14
					15				13						
				5					11						
6				8	15			4	14						10
		13		12		1	6	7	5		15		11		
	11	14	8	2						1		9	5	7	
16	3	1		5			10	8			13		15	6	4
	6		13	3	14					16	7	1		2	
7			12	11							6	8			3
	8		10			6			11			5		16	

DIFFICULTY ✽✽✽✽✽

120 Super Sudoku

ADVANCED 15

2			5				15	10				16			8
		7			3	9			5	8			4		
	4		1				10	14				11		3	
6				2		4			11		3				1
			7	10			14	15			13	6			
	2				5	7			14	12				1	
	12		9		13	15			16	2		5		14	
15	6	5		3			8	1			4		13	16	11
14	15	3		5			2	12			9		6	13	10
	13		11	10	8				6	14		9		12	
	9			12	13				10	3				15	
			12	15			9	4			2	7			
4				12		14			15		6				9
	7		16			5		8				3		4	
		1			2	16			12	4			5		
13			2				6	11				15			16

DIFFICULTY ❀❀❀❀❀❀

ADVANCED 16

	8				3	6			7	11			9		
		1		16	11	13		3	6	8		10			
7	11				14					2				15	4
		9		4	5	8			15	12	13	6			
	15	2					8	6				4	14		
9	13	1	4									15	16	3	7
	10														
	3			5		2			9		16	10			
	8			13		9		5			15		12		
	9		11			5		10				16		6	
6	16	10	7									5	13	4	11
	12	5					3	4				14	8		
		3		15	8	5		11	13	7		9			
8	6				1				9					5	14
			15	10	13	11		5	14	16		7			
	5				9	12		8	1				10		

DIFFICULTY ✿✿✿✿✿✿

ADVANCED 17

9		11	3									8	5		12
		14	4		11	1		15	16			2	7		
15	5			7			8	13			9			14	10
1	8				14					2				11	9
		13		1		9	14	7	5		15		4		
			9		6	7			1	11		14			
	11				5					13				1	
	14			11	3		12	6		9	16			2	
	7			10	1		9	3		16	6			12	
	9				12				1					10	
			14		11	6			4	10		1			
		16		4		2	15	11	9		5		8		
11	16				15					7				8	1
4	1			9			5	12			3			13	14
		2	5			10	11	16	6			12	3		
13		6	7									15	10		4

DIFFICULTY ❀❀❀❀❀❀

ADVANCED 18

2						3	11	1	5						14
	7	9		13	14				3	2			16	1	
	4		14			5		9				8		13	
	5	11	7		15			16		14	2	6			
		11	16	13							2	1	8		
	9					15		3					7		
6	3		4		7			15				12		9	16
15		7		5					12				13		3
7		6		14					3				11		1
12	11		15		1			9				5		14	7
	8					9	10						12		
		10	5	15						1	13	3			
		2	12	11		9			13		15	4	10		
	6		7			14		8				16		15	
	15	14			8	10			7	4			12	5	
8					13	4	6	12							2

DIFFICULTY ✿✿✿✿✿✿

ADVANCED 19

	12													14	
3	14		4			15	12	1	2			13		6	10
		5				1			10				2		
	15			13		2	6	9	12		11			8	
		10		14		16	5		12	3					
		12	15	2		8	4		10	7		5			
	2		6		10			1				4		15	
	16		14	3	13				8	2		7		10	
	5		13	2	1				7	16	11			4	
	1		9		8			3			6			7	
			7	6	15		10	12		4	1	9			
			2		7		5	6		11		14			
	9			10		13	1	11	8		6			5	
		7				11			16			12			
14	10		15			9	4	13	5			1		3	6
	11													13	

DIFFICULTY ✽✽✽✽✽✽

ADVANCED 20

5	3			13	9				10	12				4	8
		15	7	12							5	14	2		
	13				7	1		9	16				5		
	1		9				10	7				3		6	
	8					15	16							13	
7		13			5				3			6			4
3		14					2	8				10			5
		16		11		8	14	4	1		13	15			
		2		16		11	8	13	6		14	5			
6		8					4	3				13			10
12		10			15				1			9			16
	16					13	11					14			
	5		2			11	15			9		7			
	12			4	7	2	14					10			
		7	15	6					9	1	3				
1	10			8	2		3	11					16	15	

DIFFICULTY ✿✿✿✿✿

ADVANCED 21

2		16					3	14					8		12
			12	5						13	14	14			
11				7		4	12	5	15		8				2
	3				13	14			4	12				16	
	2	6												16	14
	5	14		1	6					9	3	8	7		
	7	3					8	12				5	10		
1		12		4		5	10	2	8		14		9		3
12		11			1	9		3	6				15		5
		15			5			1			3				
		1	16	4					2	9	10				
	14	4			8		2	15		10			13	1	
	4			10	12			13	15				8		
6				11	8	16		9	7	14					10
		13	2							16	12				
	15					7		4					5		

DIFFICULTY ✿✿✿✿✿

ADVANCED 22

	1		3				4	10				16		7	
7		2		16	3		14	9		15	4		13		8
	10					2			6					5	
9					12					7					4
1	16			7	8	15			9	12	2			6	11
	5		2	9							6	12		8	
				10			16	15			11				
3	15				11				5					16	1
16	14					10			13					11	2
		13		8			5	12			14		1		
	9		15	3							10	13		14	
4	2			14	11	13			8	16	3			9	6
13					16					1					9
		5				4		7					12		
8		3		13			9	6			15		14		5
	4		16				7	5				8		10	

DIFFICULTY ✿✿✿✿✿✿

ADVANCED 23

6			11			8		10				16			3
	3				1		4	5		11			14		
	16	15			14	10			1	9			4	8	
1				13	3		7	16		4	15				10
			13		4					16		1			
	5	16	10	2		7			13		12	4	9	11	
3					5					8					15
	7		15									5		13	
	2		4				14	9				11		1	
16		1			2				15				12		9
	14	5		6		12			4		11	16	3		
		12		9					6			8			
5				9	15		16	8		3	10				4
	6	4			8	11			9	14			5	10	
		8				12		7					2		
12			9			4			6			15			7

DIFFICULTY ❁❁❁❁❁

ADVANCED 24

12				13		16		4		8					6
	11	16				1			10				7	3	
2				9	6					7	16				4
		9		7	10		8	2		14	12		16		
		1	10						13			2	3		
	15	6	9				2	13				12	10	7	
	12				13			6					5		
11			2	1					12			14			9
14			6	12					15			1			5
	5				9			14					4		
16	2	13	1				6	5				10	9	12	11
		11	3									13	6		
		5		1	4		10	12		16	13		14		
9				14	16				5	6					12
	3	15			5				10			11	16		
6		14			2		11	15		1			13		10

DIFFICULTY ✿✿✿✿✿

ADVANCED 25

		15	1									4	13		
		16			9	7		15	6				5		
13	10		4		12				5			1		3	7
9		14		13	2				1	3			8		12
	9	8	13		14				3			2	10	5	
	2	5		10							16		4	12	
	6					12	2	7	4					9	
					13	1		14	11						
					7	16		11	15						
	4				3	10	6	1						13	
	1	7		6			12	13			10		15	16	
	3	6	8		11				16			7	1	2	
7		3			6				8				12		11
8			12	7	10				9	11		5			14
		11			1	5		7	4				9		
		4	10									8	7		

DIFFICULTY ✽✽✽✽✽✽

ADVANCED 26

2		15			7		9	3		10			6		5
	13	7				16			9				11	14	
14	1		9									10		12	3
		11					10	16					7		
				10	1			8	13						
5	10	8		3						6		1	13	2	
	9				8	4		15	5				10		
			6	5	9			3	7			14			
			8	2	7			6	11			5			
	3			6	11			7	2				1		
4	5	6		1						16		14	11	8	
				8	12			14	4						
	5					12	2					13			
12	14		10	3					16			8		7	11
	11	13		14	10			15	12				5	4	
1		2		11		6		4		5			10		9

DIFFICULTY ✿✿✿✿✿

ADVANCED 27

9			6									8			3
	8	11											12	16	
	1			14	8		3	11		12	15			13	
				4		13	16	9	2		3				
	4	11	5								16	3	8		
	5				1				4				10		
	14		16		6	8	12	10	9	5		13		15	
	9	12			4				3			1	6		
	6	15			11			14				16	13		
13		2		4	5	15	1	10	11			6		9	
	14			2	10			16	15				3		
	8	10	6								2	7	5		
				16		15	5	7	1		4				
	16			9	12		10	13		3	6			8	
	6	15			14			5					9	3	
7			13									4			12

DIFFICULTY ✿✿✿✿✿✿

ADVANCED 28

	12		4				1	3				11		7	
14					8	5	4	11	16	6					1
			8	2			9	1			15	5			
		15		7							12		8		
		5	7			2			11			3	9		
	10				13	6		8	1					4	
	1			4	14					3	16			6	
3	6	4			9					14			16	12	5
12	5	1			16				7				3	8	4
	8			15	7				16	2			14		
	13				1			5					15		
		16	15		9			3				6	12		
2		7		11							5		4		12
		9	11	1			16	13			14	10	6		
10							7	15							8
	15		6				3	10				2		11	

DIFFICULTY ✽✽✽✽✽✽

	12			3			11	2			9			14	
10		2		1							13		8		15
	3					12			5					13	
	1		11		14					7		4		12	
11	4				12		8	13		5				10	2
			16	9		5	6	15	7		14	1			
		15			11					3			16		
5				14	16		1	10		11	4				7
6				12	5		3	9		16	10				13
		14			6				4			7			
			13	7		11	2	14	1		15	8			
8	2						14	6						3	9
	13		12		2					10		9		15	
9	14					1			12					11	10
		6	15	8						5		16	3		
	16						7	3						8	

DIFFICULTY ❀❀❀❀❀❀

ADVANCED 30

	15		13		2	6			3	10		7		8	
				1	15	5			2	14	16				
		9				13			12				15		
16							4	9							12
	7			16							3		11		
4	10				8				7				1	13	
3	5			15			9	8		11				10	7
14			1		3	11		13	5			15			4
10			8			7	15	5	1			12			6
11				2			8	6			4				15
5	13				12				9					16	8
	12			6		10			16		8		13		
7						14		12							9
		8			16			4				2			
				3	9	12		15	11	6					
	11			4	15	1		10	9	2			14		

DIFFICULTY ❁❁❁❁❁

16x16
EXTREME

EXTREME 1

1					3	6			5	11					15
	13	12				14		3				16	5		
	3		15		4	8		7	12			11		14	
	14	6			9						1		2	10	
					10		6	14		8					
15			14	16	1					7	3	10			13
13		11	9		15				10			2	8		7
	7	10		8							4		15	16	
	10	2		6							13		1	12	
12		8	13			3		1				4	16		9
16			7	12	4					15	9	13			11
				5		15		2		10					
	9	5			7					12			14	15	
	16		6		5	13		10	11			7		9	
	7	2				9		4				8	3		
8				15	12				6	2					10

DIFFICULTY ❀❀❀❀❀

EXTREME 2

	11			7	14					9	10			4	
7		13		3		2			16		8		9		15
	1	5				8	11	3	7				10	14	
							5	11							
8	13			12						6				15	14
12					5	13		10	16						2
	5	4		16	10			12	3			6	8		
	14	9	16				6	2				13	12	10	
	10	3	8				4	1				14	13	9	
	15	12			2	14		3	4				11	7	
2					6	11		15	10						4
13	4			1							7			3	6
						13	6								
	3	11			15	1		8	5				2	13	
10		14		5			4	1			3		16		8
	7			6	9					12	4			5	

DIFFICULTY ❀❀❀❀❀❀

EXTREME 3

4				12					14						15
7			6	14	5				10	9		2			3
			10			16	3	13	15			1			
	14	3	13									4	8	11	
	4		9	5	7		11	15		8	14	6		16	
8	11			2	14				16	5				4	12
2		1			8			12					14		9
	5			16						4			2		
	16			15						11		5			
1		14			6			10				9			13
12	6			7	11				5	2				15	16
	9		11	8	1		5	14		4	13	12		2	
	2	12	5									16	13	1	
		7			11	12	5	14				9			
11			14	13	2				12	8		10			5
16					6				15						14

DIFFICULTY ✹✹✹✹✹

EXTREME 4

	15			14		9			16		4			13	
11					4					9					10
			5		13	15	3	8	11	12		16			
		13	12				8	2				6	7		
8							9	7							16
	5	1				11			15				3	4	
3		7			5	10	15	9	4	16			11		8
		14	2	1		8			6		3	7	10		
		15	9	5		12			10		6	11	14		
1		4		14	2	11		5	3	8			16		7
	11	6			13				2				15	3	
5						6		15							12
		16	4				2	11				3	6		
			6		12	4	13	3	9	7		1			
14					11				6						2
	13			8		7			1		2		11		

DIFFICULTY ✿✿✿✿✿

EXTREME 5

	12			10	2					9	1			5	
13	8		6			15			16			7		1	12
			9		8	4	5	11	6	12		15			
		11											2		
6						1	4	5	15						9
9		14			3		7	2		1			13		5
	5	12		16		8			14		7		11	6	
		1		6	5					13	11		15		
		4		12	7				6	15		14			
	10	6		8		2			9		14		1	3	
1		5			14		3	7		10			9		16
14						5	6	13	8						2
	2											8			
		12		10	14	13		3	5	15		11			
10	14		5		6				13			1		2	15
	13			15	4					14	2			7	

DIFFICULTY ✿✿✿✿✿

EXTREME 6

1				12						2					8
					13	7		3	14						
	9		2	8	16					10	15	12		13	
		12	5		2	14			8	11		4	10		
	9				1	15	6	5				2			
4		7	12		6				1			5	11		13
	15		1	5		16			12		2	8		4	
	6			12			3	4			13			10	
	7			15			13	11			12			16	
	13		6	11		12			1		8	15		7	
14		4	10		3					13		11	12		6
		16				8	14	7	3				13		
		5	16		15	3			11	8		2	7		
	8		3	7	10				4	1		14		15	
					5	16		9	6						
12					11					15					4

DIFFICULTY ✿✿✿✿✿✿

EXTREME 7

15				2	4		1	5		13	7				12
	1		4	16	7				6	12	15		5		
		2									1				
	14	6											2	16	
14	9				3		16	8		15				13	10
5	7					12			10					11	9
12				8	15		10	14		7	9				2
4				9		11	13	12	5		2				16
2				11		3	6	16	15		14				13
16				14	5		2	6		8	3				4
3	8				13				1				14	5	
10	11				12		15	13		9			7	6	
	5	8											3	6	
		11										7			
	10		12	15	16				2	8		13		4	
6				10	14		7	1		3	16				15

DIFFICULTY ❁❁❁❁❁

EXTREME 8

		12	2		4					16		6	10		
	4			11		5		12		3				14	
			5	6	3	1		11	4	8		16			
16		3		9			15	7			14		4		11
	7	15	8	12		13			5		10	4	3	16	
10		9											1		13
		16		10		3			4		15		9		
			11				9	16				15			
			12				13	10				14			
		6		4		8			9		5		16		
14		5											12		4
	13	10	7	5		14			16		2	1	11	8	
9		13		3			16	5			1		7		14
			10	8	9	12		13	7	11		2			
	8			14		6		10		16				12	
		1	14		11				9			10	13		

DIFFICULTY ✿✿✿✿✿✿

	5		2									8		15	
12		14			3			16					7		10
	7				2	10	15	1						6	
9				11	7		15	3		8	13				4
			8	15		5	13	6	4		16	1			
			11		16				5			6			
	10	12		6		4			2		15		14	11	
	5	4		7			11	9			12	13	15		
	7	16		2			6	8			1	12	4		
12	13			14		15			6		10		1	5	
		5			1					2		9			
		15		9		8	4	12	5		3	7			
7				16	6		14	5		12	2				1
	16				9	5		11	7				12		
13		4			1				8				3		7
	3		12									15		8	

DIFFICULTY ✿✿✿✿✿

EXTREME 10

	3	1	16									6	4	8	
7				15							10				13
5			2		11		4	8		1		15			12
9		13			16	10			15	4			5		11
	9				4	14			1	8				15	
			5	2							15	14			
	6		15	10		8	12	5	3		2	4		9	
		8				15			6				7		
		9				2			8				10		
	12		1	8		4	16	11	14		3	9		2	
		4		9							5	12			
	5				12	3		13	10					16	
14		10			8	6			9	2			11		15
6			9		15		7	1		11		2			3
16				3							8				6
	15	11	12									5	16	4	

DIFFICULTY  ❀❀❀❀❀❀

EXTREME 11

	9	10					14	1					5	8	
6		7	4			13			3			11	16		1
15	11		14				8	12				9		10	4
		3		5	11					14	10		13		
			10	7		12			2		5	4			
			3		14	4		13	11			12			
	13			1	3				12	6				15	
9		11					10	8					6		7
10		2					3	14					15		13
	7			14	15				2	3				5	
		16										6			
		15		13		6			5		12	1			
	6			15	16				10	13			2		
	10		9			5		6				8		1	
7		13	1		2			9				5	4		6
	12	15				1		2					14	7	

DIFFICULTY ✽✽✽✽✽

EXTREME 12

13				9	8	5	14	7	6						11
	8	14										13	15		
	11			15		14		8		2			6		
			9		4			1		2					
		1	10		16			4				11	7		
12				7				16							10
4		6	11	2		1		12		10		9	15		3
3		9					13	1					14		12
5		13					6	11					12		4
14		10		12					5				6		16
1					15				7						2
	6	11	7			2			10			3	5	1	
			6	14							16	8			
	12			9		11	7	2	5		1		3		
	16	3		1							12		9	13	
11					12	13	10	7	15	14					6

DIFFICULTY ✽✽✽✽✽

EXTREME 13

		8		5			10	7			13		15		
		7		8							16		6		
4	15	6	2									8	9	14	5
		13	1		14	15			5	6		2	4		
15	13			3			8	14			2			4	16
			14									5			
			4				13	3				15			
8				12		2	1	13	4		11				10
1						13	2	6	16						14
			11	7		1	9	4	3		14	10			
			15									12			
3	2			14		11	15	9	8		7			13	1
		12	6		11	3			1	5		7	10		
10	7		8									3		12	2
		11		9						6			14		
		15		4			16	2			10		5		

DIFFICULTY ❀❀❀❀❀

150 Super Sudoku

EXTREME 14

14	6		11									5		7	8
7	13	8		9	1					10	16		2	12	4
	9				7		5	6		12				1	
16						4	11	3	14						13
	11				4	9			6	5				16	
		16		1						11			5		
				6			10	8		13					
		9	10			11	12	16	3			13	1		
		13	14		3	6		9	10			16	8		
			7	10			16	14			5	15			
	16	12		14							1		9	6	
	10				5				16				2		
15					12	3		1	16						2
	7				15		13	11		2				5	
2		14		11	16					8	12		4		15
6												9			16

DIFFICULTY ✿✿✿✿✿✿

EXTREME 15

9			13	5						2		15			12
	3			16	2	11		8	1	4				13	
	1	16											7	8	
12				13							5				1
	12				10				13				11		
15	2				1				5				12	7	
	9			14			8	2			15		5		
				5		11	4	6	12		1				
	16			11		15	5	4	9		3		2		
14	10			3	12		2	15		11	8		7		4
3	5				16			14					9		6
	15		11				6	12				13	3		
8				2							6				11
	14	12											8	15	
	4	15		10	9	12		3	16	7			5	6	
5			16		7					10		12			13

DIFFICULTY ✿✿✿✿✿

EXTREME 16

7	14			9						5				15	13
6					8	3	11	7	4	13					1
		8			7	14		1	6				4		
			10		5				11			8			
				9	6		16	10		3	14				
16	13		5	8						11		7		10	4
	3	12	8			14			7			15	1	9	
	6	9		10						15			5	3	
	10			1							9			12	
	4	7	1			11			10			9	3	5	
13			11	12							1	14			10
				6	15		10	4		16	5				
			16									11			
		6			15	4		11	16				9		
5					2	8	12	6	1	10					15
4	15			11					12					8	16

DIFFICULTY ✿✿✿✿✿✿

EXTREME 17

14					15	13			7	10					4
		12	4			6	9				13	15			
	5		3	7			4	14			15	16		12	
	16	9			2			4				11	7		
		10		2						16		4			
12			11				7	13				14			5
2			5			1			12			8			3
	8	1					10	11					7	6	
	1	3			13		11	10		4			14	16	
8			16		5			11				3			10
9			13			14	8					2			15
		11		10							12		6		
	3	13	1			9			16			4	8	2	
		9	1			13	6			11	15				
		2	10			8	3				5	16			
11				16	3			10	14						9

DIFFICULTY ✽✽✽✽✽✽

EXTREME 18

2															9
	1	8		10			15	12			7		6	2	
	7	16		3		12			15		6		8	13	
				4		14	2	16	3		9				
	8	11	1									6	13	10	
			12	13	8	15			9	10	1	2			
		9		5	14					3	2		15		
	2		6				16	11				5		12	
	4		3				9	2				11		5	
		14			15					5			16		
			16	11	5	13			6	15	14	10			
	15		11			7			13			3		6	
				12		2	10	4	7		15				
	3	12		7		8			5		13		1	9	
	13	10		6			4	9			11		14	8	
9															12

DIFFICULTY ✿✿✿✿✿✿

EXTREME 19

	8	5			14			1					7	3	
1	11	3			15			10					14	2	13
			15		8	13	16	9	4	11		10			
				16	1	4	11	14	8	5	13				
			5	6	3					9	16	11			
		8	11									16	1		
16			9	8			12	6			11	7			4
3			8	1			14	13			4	2			5
	16	2	7									15	4	6	
			6	9	4					7	2	8			
				3		7	2	10	6		9				
				13	12	4		1	7	3					
9	13	10			3				15				5	4	7
	4	6			2				14				15	11	
		15				6		5					3		

DIFFICULTY ✽✽✽✽✽

EXTREME 20

		7	1	13			10	11			15	6	3		
			9	2						6	10				
15					12	3			8	7					16
10	14						1	13						11	15
12	5			8						7				1	6
		14			3				15			9			
3	6	1					16	4				7	2	14	
				4	5				14	11					
7				13	12	3		5	11	10					4
4	16	9				8		7				14	12	2	
		6		1		7		3		2		8			
	11			14						4			7		
14	15					2		8					13	1	
11				14	8			3	1					12	
				5		7		10		13					
		3	8	10			15	16		9		11	2		

DIFFICULTY ✿✿✿✿✿

25x25
BEGINNER

BEGINNER 1

C1	C2	C3	C4	C5	C6	C7	C8	C9	C10	C11	C12	C13	C14	C15	C16	C17	C18	C19	C20	C21	C22	C23	C24	C25
10		14	19	1	17						15	18	25						21	13	8	11		5
	9		12		10	21		8		22	13	5				17		16	2	3		15		
	17				2				16	24	4		23	7	20			15				1		
13			6			23	25		14						11		10	1			19			18
7	20							22	13	11	10	14					18	8					17	21
16	15	13			18	1	19		2						10		5	20	14			17	12	11
	21		25		24	15	20			19	23		7	6		1	13	18		3		14		
		8	20		14	3					22						7	23		9	15			
11	3		23			4		10	21	20				5	12	6		17		25			22	1
	17	2			9			23	5	13				15	8	21			16		7	19		
14		11						24	22	12		4			1	3					18		15	
	1	18		15						9		17			24		4	10						
24	7			17	13	11			12	23				22	4		9	19		21			6	14
6	2	12				10				14				8			23				7	5	22	
20		25						9	19		5	7	11		21	8					1			17
	8	14			21			20	6			25			18	16			24		2	10		
5	16			2		7		25	13	4				1	23	12		15		18			21	19
		23	25		3	18					21						9	6		11	22			
	9		12		11	17	16	4		7	8	5	15	18		2	25	3	1		20		23	
	18	20			5	19							23		22			14	13		8	16		
2	6						21	14		19	17	8			9	23							18	10
22			1			6	2		4						24		18	21			12			9
	14				12				25	16	2		6	9	17			7				3		
		23		21	7		8		1	14	20	24			5		10	3		4		22		
12		7	5	10	16								4						20	2	25	14		8

DIFFICULTY ✱✿✿✿✱

BEGINNER 2

1	2	3	4	5	6	7	8	9	10	11	12	13	14	15	16	17	18	19	20	21	22	23	24	25
	11					9		25	19						1	14		7				16		
	10	16	6				11			1		13		4		19					14	5	7	
3	5		22			13	18	8		12	23		16	6	9	11	10				17		1	15
	14	1	12			20	22	4		10	19	2	7	9	24	16	3				25	13	18	
				9	7	1						20		25				5	13	10				
				1	16	2	17			5	18		14	21		4	15	11	6					
21				15	6			3	7	4		2			12	5			25	23				1
	4	7			5		8	12	15	6		16		1	20	22	21		2		3	17		
20	11		10			25	1	19				17				18	6	16			15		8	24
6		2	14							11	24	13									16	12		5
	20	10			24		5			19		6		22		18		21			9	17		
	5		2		20			23							25		13			22		3		
	6		17	12			4	7		25				24		2	9			13	1		5	
	15		23		1	17		12				22						4	3	18		25		
	18	7	16		25		22			11				5		1		17		6	2	21		
7		20	5		10	19						22						25	17		2	14		13
4	19		11			12	6					21				20	14				23		22	17
		13	1		9			21	18	17		23		14	16	8		10		11	24			
9				16	15			17	11	10			18		21	13			22	7				3
				10	14	3	7					9		6			11	2	4	16				
			4		19	18						21	5	10			22	1	14					
	12	25	20			21	1	16		4				13	6	10	24				9	11	3	
16	9		23		25	10	3			2	14		17	11	7	12	20				13		4	18
	1	3	24				2			18		12		20		4					7	21	16	
	22					7						4	13		2	3		8			15			

DIFFICULTY ✼✼✼✼✼✼

BEGINNER 3

2				4						1		12		15					23					17
	15		12	21	1		16			19	20		22	17			9		8	7	24		23	
		13		4			19	12		16		11		7	18	15				20		9		
			11	20	18														14	1	2			
	23	3	18	14			13			24	9		10	4			16			21	12	15	25	
16	1		7		21	4		20			10		8			15		3	25		13		14	11
	12		14	25	13		3				21		1			20		24		19	8		15	
	18	20		24		15	2		10	13				22	19		23	12		25		17	3	
		2			22			19	12	25	23	20	3	6	7	8		13				18		
						17	11	24							6	2	4							
21	10		18			7				15		5				11				13			8	9
	16				23	18		3		21	13	6	4	24	20		8	2					7	
23	9		22			20		4			7		18		17		15				6		1	3
	25		7		12	24		8		14		3		9	21		4	5		18			16	
20		15		6		5	10				16		25		9	1				23		21		12
						21	1	4							2	3	5							
	12				20			7	25	2	24	9	15	13	23	22			11			6		
	17	14		10		5	15		2	11				1	4		19	6		24		22	21	
	6		16	1	9		8				18		12				24		15	3	20		4	
19	21		24		6	3		13			22		17		1		14	9		10		5	23	
	13	6	5	15	9	4				20				23		17	21			22	19	8	11	
	11		4	17	3	7						16				25	22	12	21				13	
		18		16		10	21			6		5		3	12	13				2		4		
	22		20	12	5	11	25			4	1		7	8			3	23	6	9	14		10	
7					15					22		25		21					4					20

DIFFICULTY ✿✿✿✿✿

BEGINNER 4

25				18	8				3	2	23		6	4	7				11	20				10
		17			24		14	5		19		15		13		3	9		20		4			
	4		16				19	13		18		14		20	25	6				3		22		
	8		23		16	20	9					11			22	4	19			13			1	
19		6	5	20		17				22	12		3	16				2		24	9	8		21
17	24				14		1			16	23	10				20		9					8	3
		4	15			3			19	18		20			2		24			14	21			
	23		25	19	17		18									5		15		4	2		12	
	13	18	3				20	21		7	6		4	19	8	10					11	25	9	
10		9				2		8	15		17		5		3	16		1			7			13
24	3	22		13			16				15		1			5				8		9	20	12
15				7	11	18		10	22	13		20		12	23	4		8	2	17				6
		19	8				25				18				7						10	15		
23				6	15	14			20	25		19		11	10			13	24	5				18
18	10	17		9			24			4		14			12					16		2	11	25
5		3			10		13	16		19		22			15	9		14			24			20
	9	24	10				14	25		11	5		13	15	17	23					18	12	2	
	4		21	2	7		12									25		13		9	15		6	
		15	1		8			6		9		25			18		5			10	16			
16	25				18		19			8		2				21		4					5	23
14		2	16	10		6				20	24		23	18				11		7	3	5		15
	18			12		4	3	21			1				2	17	6			11			10	
		20					1	23		14		25		17	9	15						18		
		23			10		7	18		5		2		21	13	3		19			6			
9				24	19				2	3	10		12	6	5				25	21				4

DIFFICULTY ✿✿✿✿✿

数独

1	2	3	4	5	6	7	8	9	10	11	12	13	14	15	16	17	18	19	20	21	22	23	24	25
				7		20	25	12	2					24	10	1	11		4			10		11
	5		24		8	17			4						2		23	6			10		11	
		11				2	5	10		23		4		7	18	3	15				16			
	22		8			3	24			6				12		21	16			9		23		
		1	21		6				22	15		19			9				20	12	7			
	11			25	5			14								18			17	1			7	
	18		5				12		20	17				11	22		13				21		16	
3		8	17				4	15				20	16	2			10	6			22	9		12
16		21		20	10	11		6	23		7		9		5	19		15	1	3		25		13
12	7	2		6		13		18			21		4			20		9		24		15	10	17
10		14	20			8				18		24		13			12				3	21		7
			19			7	17	15			9	3	5		4	24	1			18				
8		7	21		20		1		9	25	4	22	17	16	13		23		2		5	12		19
			2		25	16	11				14		1		7	21	18			4				
24		11	6			22				21				2			8				9	13		16
6	24	12		5		23		11		16	20	21				10		19		7		22	9	4
23		9		11		12		13	24		8		6		25	22		1		5		20		18
13			8			16	10				2		25			4	24					17		21
	21		14			1	6	9	17	24				4	20	23	12	7				19	25	
2	22			7	3			20				18				14			5	10			23	24
		10	4		12			22	18		17		7		16	8			3	13	2			
	19		23		5	4				3		14		20		7	10			16		17		
		7			21	10	2			8		9		23	1	11	5				25			
	15		12		25	7			6						23			17	14		20		22	
					15			8	16	1					25	6	4		12					

DIFFICULTY ✿✿✿✿✿

BEGINNER 6

		10			14	20	8			24			4		3	19	13			25				
	13	22				7			17	1	21		16	5	10				15		18	14		
	5	16	24	8						13			12							11	19	1		9
17	4	2	23			9	18					8			12	1					5	22	21	7
12		11		20	13	1			25	6			17		21			2	4	16		8		3
	3			13		7			8	11	18	12			2		25			23			19	
24		19	12				22				3					11				8	10			21
2		10			3		14	12		8		24		1	17	23		9				11		20
7					17	19			9	22			14		13		24	12						6
	17			15	11				23	5				7	4				1	24			22	
	12	3					11		6	10		8			9		7					23	2	
10				16	8			14		2		5		6	4				20	21				18
	23	18	15	24	2	20	1				13		7			16	3	6		9	22	5	4	
25	11			2	23			9		16				3	22				8	19			20	17
	21	8					17		7	19		11			23		18					24	3	
	7			4	25			13	11	18				9	12	1			19	17			6	
20						2	9		3	4		1			7		6	23						22
9		25	6		5		15	7		11		20		19	14	10			18	12	16			24
16		18	5				17				21				9					10	4			15
	10			23				18		17	14	3			5					25			7	
4		20		1	9	23			15	16	17	6			8			5	21	7		10		12
18	25	13	14			19	22				12					4	7				23	3	8	11
	6		3	22				4		7		1		25		11				2	21		13	
		5			14				20	3	18		9	11	1				16		19			
		7	11			6	3	10			2		15		12	17	9			22	20			

DIFFICULTY ✿✿✿✿✿

BEGINNER 7

	5		3		11	19	21			25				13	7	15	6				20		8	
12	14			7	25		22	23			4		9		8	18		2		1			11	24
			9			24			4	8	7	12	20	15	10		11			22				
4			24		16	14					19		5			25	22			21				18
		8	11	19			7		20			1			9		4			5	23	25		
			5		16	3	6	23							25	12	20	10			2			
25	21		9		15				13	23			16		2				7		11		12	8
15		19	20	8	2		5			1			18			14			11	25	16	6		10
	12	14			11					4	10	25	6	19				8				22	17	
	22			13	1				8	2		24		14	5			4		20			3	
		4			23	15	18	21							1	14	17	10				3		
	15	3	1				13			7	24		23	6		2					12	11	16	
		8	20				2	11			5				23	6				13	4			
	6	9	12				8			17	18		4	1		21					19	2	20	
13		23			19	12	14	6			3		11		24	4	9	18				1		7
	19	16		12	20				10	5		2		11	7			23		14		18	24	
9	25	15								19	6	7	10	4							20	1		22
20		1		10	4		3			18				21		6			5	16		8		11
6	3				19				7	20				8	18			16					25	13
		23			13	21	11	1							10	24	9	15		6				
	16	10	22	25		20			18		17				12		23			7	21	19	13	
5				4	25	13				16		8						7	18	11				9
		2		23		17	4	1		15	12	6	21	3	25	24	10			18		16		
19	20			3		7					13		25					1		6			2	5
	24		18				10	16		9				2		20	5				17		22	

DIFFICULTY ✽✽✽✽✽

BEGINNER 8

21	11				4			15	13	6				22	19	1		17					10	24
10	8	24	19		1				11	16		25			2			9		22	20	17		4
	7	5			2	25		14	8		19		4		18	20		23	21			3	11	
16	1		25	20		12	17			7			3			6	22			8	2		18	21
		6	4		24	9				20		23		2			3	8		1	12			
					20		23	16			10	9	21			11	25		19					
20	16	14		11		8						3				12				19		22	21	18
		15	23		11				18	25		7		19	14				8	12	3			
19			1		21			10			12				17			18		13				8
8	9	17								4	24		2	1						10	6	14		
15			10	24		21			14		19				5		9			4	6			13
	19	21			7				24	10		6		4	12				14		23	3		
				1	4	17	6	8		24	2	5	3	16		7	21	22	23	10				
	12	22			9			2		21		17		15	20			6			5	8		
4		17	5			10		3			25				16		15			21	11			2
13	14	23						24		17	25		10	18		7						12	2	9
		19	21		15			18				2			9			11		25	6			
		4			25				16	11		21		24	23			12			20			
2	20	11		25		19					14						13			16		17	24	10
					17		2	6		3	22	15			24	18		1						
		12	15		2	17				16		1		10		20	11			6	4			
11	4		3	9		22	23			5		22				12	5			2	16		15	20
	17	16			10	15		19	6		5		22		9	23		18	13		8	25		
24	23	1	22			5			25		12		8		6			3			18	7	14	17
7	5				11		12	1		9				13	8	16		15					23	22	

DIFFICULTY ✿✿✿✿✿

BEGINNER 9

	1	25		16	12				21	23				13	10				9	15		24	2	
18		6		9					2	10				15	3					17		19		11
13	22						3	5		18	14	21	19	4		24	17						25	1
					14	8	23	15			7				11	2	6	12						
8	23	5			14	18	7	13	22						15	19	21	16		3		20	6	12
7						19		15	5	21	13		11	18	16	17		8						14
	17	3	25			4			16	19		5		7	9			11		21	12	6		
	19	23	21			14		3				9					5		2	13	15	25		
		14	24	21			8					3		4		18			7	23	20			
11	9		10						6	12	8	2	20	17	13						19		4	5
15	12	21			9	8			18	11				24	1			5	25			23	17	13
	24				2			11	10		16		18		8	19			20		15			
	3					22	7		12		15		6		23		2	9			10			
	8				23			19	4	5	17	21			12	7		11			22			
10	20				13	24				8				2				15	17				1	3
5	7		2						14	22	6	24	13	10	15						1		23	16
		6	22		15			2			18		17		11				13	5	25			
	18	20	3				9					1					23			22	8	21		
	10	19	8			11			22	14			23		4			2		9	24	7		
4				23	25			6	10	9	2		7	19	24	3			21	11				20
1	19	16		10	5	13	21	12								3	25	18	4	24		11	20	22
						2	17	1	23			3			16	22	13	7						
12	6				20	22				5	11		25	8		9	24						16	23
		15		2					19	13				16	17						14		12	
	11	4		20	24				8						6				10	1			9	3

DIFFICULTY ✲✲✲✲✲✲

22		6				8	15					2				5	13					10		14
	14		4			12				11	21		9	15			10				3		17	
7		2	3	10	1		25	9		12		13		14	24	22			21	20	6	19		15
23	17		13	11				4			10		3		19					22	5		1	18
		18	9	20	7	14	16					24				4	12	15		23	8	11		
		14		2	25	7		6	16						21	3		9	22	13		1		
11	7			15							23		17							25			21	9
5		17		19					24	13	16	18	21	2	14					3		22		6
		4	23		17			11			8		7			25			12		24	14		
					13		14			20		19		12			10		18					
	21					11	5				9	1	2		23	8							24	
	25		19			3		13		24		21		11		6		22			1		9	
6	11	9		12			20	24	17	5				25	16	13	19			10		4	18	8
	2		5			16	8			3		10		7		15	20				13		22	
	1	24					6	22	9	8	18		15	16	2	12	21					20	23	
					9		17			18		12		4		11		8						
		5	24		18				7	10	2	20	16	3		15			4		19	23		
17		13		22					2	23	19	9	11	8	12					6		18		16
8				3	20						22		13					6		24				4
		1		18	11	23		14	21						13	22		3	9	7		2		
		3	21		6	17	24					16				23	4	2		22	9			
4	6	11	1					8			15		18		5					14	21	25	23	
13		16	2	7	22		18	25		4		14		23	21	12		24		17	20	8		3
	22		20			15				1	6	8	24	19			18				16		4	
18		10	14			2	9					25				13	6				15	24		7

DIFFICULTY ✿✿✿✿✿✿

BEGINNER 11

	14		17	5	11				22	15		18		24	20			25		21	10		6	
	13		23		17		19	15			9		14			4	16		1		25		11	
19		18	4				3			23	8	2			24						15	16		5
12	20	25	7				9				5				23						4	8	22	24
	11		8	5	5				16	20				22	12				9	7		1		
	4			10	20	18		7			25					6		23	21	1			19	
25					14		23				24						4		18					6
	16				1	15	9	17		7		12		2	13	20	22	5					10	
5		15	6				24			23	18	21	22	8		2					16	4		3
8				20			16		6	14	15	4	13	1	7		11			18				17
22				7		2	19	23		3				5	9	10	13			4				11
	5	10					20	25			7	17	1		23	3						19	16	
24		21	20		4	13					22		6				19	17		3	12			1
	17	14						10	1		8	23	21		22	15						24	9	
23				11			8	16	21	24				14	4	18	7			22				25
7			23				17		5	21	13	15	9	4	24		3			6				8
11	21	2	25				20	13		18	14	1	24	23		17	12				19	22	5	4
	15					14	3			19		7		17			5	20					25	
20					10		21				22						15		23					9
	12				17	25	2				6						9	16		24			21	
14		8		13	7				20	5				6	3				19	9		2		22
4	3	22	21					18								7					17	25	8	19
10		5	11	15		2				3	19	23				12				13	6	20		21
2	23		1		21		25				16		18			14			22		24		4	15
	9		18	24	12					19	13			25	8			16		14	7		23	

DIFFICULTY ✿✿✿✿✿

BEGINNER 12

1	2	3	4	5	6	7	8	9	10	11	12	13	14	15	16	17	18	19	20	21	22	23	24	25
7			2	1		25				16	3	24				13				23	19			12
	20	4				16	18			25	14		13	6	21	23						5	24	
	16	23		12	24						7						14		9	2		3	4	
13			24	21			8									10			9	1				16
18		17	11			13	15	19	12			9			2	16	24				7	25		14
		10	13			4	3	5				19			22	2	25				1	15		
					10	17		24		4	23		21	22		18		3	8					
3	25		21		13				14	11				10	4				5	9			18	8
	9		4	19	18	6	11		8	3	25	2			23		21	7	13	10	24		17	
	8			11		2	12			24	20	9				1	14			5			3	
	2		4		14	5				13	21	18				3	12			19			11	
22	12		3			11		9	15	16				5	25	6		13			17		14	24
1					6			20	18			12			8	19			7					15
11	19		24			22			1	4		7			14		23				10		5	18
	5		14		7	8				15	2	3				22	11			21			25	
	21		13			15	3			25		4			12	16				17			22	
		12	16		8	1	21		9	5		19			7		15	24	2	14	13			
8	22			7	16				23	10		17		11	13				19	18			12	2
					7	10		14		2	8		23	13		11		22	3					
	14	5			13	18	11								25	4	10				23	19		
12		11	18	25		20	21	5		24				2	22	7	6			8	14	23		3
20			15		19			6			12		25			14			16	24				7
	24	13		22	23							14							4	25		6	9	
	4				7	13	25			5	18		17	3	20	24	12						16	
17			16	3		10					6			11			8			12	5			4

DIFFICULTY ✿✿✿✿✿✿

BEGINNER 13

	10					16		5		9		6		3		12						11		
3					22	8		15	5			19	21			13	4							16
		23	13	21	3		14	1			8				20	16		18	19	10	2			
	5				9	17				3		23				2	10			25				
	15							21	25	2	24	18	13		14					17				
	3	19	15		1	5	17	7	13		6		8	25	18	4	24	9		16	14	20		
	11		7		10				19	12		17		16	5			20		3		15		
6		1			4		20								8		16		11		9			25
24		25		18	2			8	9	4		10		20	15	13		6	11		1			23
5	21				18	3		16		15		14			23		10	7				2	17	
18	14		9	23		6		20	19	24		25	17		7		15		16	12		3	22	
13			22	7				21	8	12		10	23	17					25	14			20	
	24	17		4		22									1				21		15	23		
15			1	10	25			2	6	22		7	5	20			21		13	11			9	
16			21	12		18		14		20		4			24		8		17	5			2	
23	6				20	14		3		19		12			10		4	15			13	8		
10		20			12			19	23		25		6	1			8			22		3		
8		4			23		22									18		11		20		14		
	12		3		13			7	22		1		15	14			5		19		4			
	17	7	11		24	1	15	4	8		5		21	2	6	3	16	13		25	18	12		
	14					11			24	21	12	1	8		4					5				
	6				8	4			14	23		16	3			20	19			10				
		22	12	24	14		10			5				15			25	20	9	21				
17			6	15			24	18			11	8			5	14						7		
25	15				1	5	3	13		19		18	9	24						14	4			

DIFFICULTY ✿✿✿✿✿

172 Super Sudoku

BEGINNER 14

17	12	14		25	10				23						22				19	18		21	4	5
13		18		2	15	12		1		6				3		23		8	20	24		25		11
5	1										2	7	11		15				17	2			3	6
				10	8				5		14	12	23		2									
	24		20	4				22	17						14	7				23	12		13	
6	2	3	19		7	25		18								24		15	12	21	23	10	17	
	17						1			10			21		16	13		14				18		
							13			8	23	22	2	17	3		9							
	8	24		23	3	9		17		18				11		4		6	7	14		1	5	
		18	15		10	11						24			2		1	17		4	25			
3	14						12	9		20		8		15		2	25						11	16
	1	5			13	24			16			3	22			12	18			14	7			
22		9	24		21		10		3	11				2	17		7	5		4	20			12
	10	11			23		2		25		21		16		1		20	22			3	9		
20	7						5	15		19		1		9		14	4						24	8
9		8			15		4		2			20			6		11	24			19			13
	25	20		16	23		8		19	9				13		17		7	14	10			4	12
			25							2		4		6	14		13							
	4				18		3		24	10		1		12	19	20		25	2				14	
14	23	22	3		21		20			6						10		4	9		7	11	2	15
24	10		6	3				20	15						5	18				7	11		21	1
			5		11				24		15	3	20		25				10	16			8	19
21	11				1			13			6	9	24			12			15				8	19
1		2			13	25	17		10	5				19	11			3	8	20		12		14
12	9	25			19	5				8			18		20				4	15		10	17	24

DIFFICULTY ✿✿✿✿✿✿

数独

BEGINNER 15

	17	12				1			9	13				7	15		11						25	21
9			1	10		25	22	18				6			21	7	13			19	8			12
11		13			10	7				15	12	17						19	2		23			24
	19	8	24																		6	20	16	
	21		22		16	23			24	9	11	25			4		1	8			18		10	
	3	18			9		12			17	22		15	24		19		5				16	6	
	4			13		3	22		11			25			10		6	2		5		23		
22	7			1	25	6	10			23				5		18	4	8		9			11	21
	11		2					19	5	6		8	9		7	25					14		15	
19		25		24		13		1			20		12			21		9		2		8		22
4					6		20			19	25		24	16		3		18						5
	2		8		16		9	15	10	22				12	20	23	21		19	18		24		
1	13	21		12		11												14		16		17	8	9
			23		7		18	17	1	6	13		20	8	5	10	15		22	3				
24					21		4			1	7		14	3		8		25						19
8	1	3		25		23		2		10		5				24		6		14		12	22	18
	24		17					12	14	2		3	1		23	19					5		7	
6	10			11	8	5	7				4		22				14	15	16	25			9	23
	14			4			6		16			7			25		17			24		11		
18	19				20					11	14		23	15					1			3	17	
	4		5		12	2		6		24	15	8			17		20	21			11		14	
	8		21	16																20	22		1	
20		10			24	4			8	16	13	11			1			23	7		19			15
17		25			14		15	3	22		1				19	13	5		11		24			16
	12	11					21		19	7		5		22	24		2					18	23	

DIFFICULTY ✽✽✽✽✽

174 Super Sudoku

BEGINNER 16

			25		22	14			8		4	11	1		7		20	18		10				
	6		11			7	2		20			8			1		22	16				3		5
	8	19	20				18			10				5		6					9	11	15	
	22	5		18					16			13			10					20		25	6	
		13			3	10			5	22	20		23	6	9			19	25		18			
			3	7	16			23		17				19	21				10	18	8			
4				6		21	7			16		5		20			11	9		19				14
21	24	20				17	8		19	13	18	10			12		23	3				5	7	11
	13				14				20	11			3			5			4			16		
11	12		16	22				4		7			2				8			25	20		9	3
10	18	6		24		19				21			12					5		13		22	11	17
19				21		15	13	2		3			6	17	18	12	10				1			8
15	11		22		8	6	17				25	2	20			13	21	16			19		12	9
				1		23	9	3		24			22	18	19	8	17			21				
17	5	13		3	24					11				15			20			2		14	18	23
6	7		19	10			25			15		5						9		22	11		2	13
	14				10				4	17		7				6			21				19	
22	16	8				15	24		7	10	1	21			4		19	25				9	14	5
2	15					8	13			9				4		14	10						20	24
				4	22				5	6		14		24	2				15	7				
18			23	20	7	3			25	4	22		12	14	21			6	19	9	2			1
	3		15		9				22			25			8				13	17		23		
	25	4	14				12			18				8			16				10	20	22	
	9		5		18	19	2	15				3			23	20	1	14			16		4	
				2		4	20		13	16	7	9			5			18	15	8				

DIFFICULTY ❀❀❀❀❀❀

BEGINNER 17

1	2	3	4	5	6	7	8	9	10	11	12	13	14	15	16	17	18	19	20	21	22	23	24	25
16				15	3			19	12	2	7		10	13	21	5			25	8				6
	11		8			21	15	7		6		17		20		3	12	24			25		1	
		3			17	23	24	2			9	1	15		13	4	16	6		10				
	20		9	1						22				19						14	21		5	
23		13	2	5				10				24				14				4	3	17		15
15							6		14	4	21	11	8	24	22			5						13
	17	2			21	16				12	23		13	6				15	11			8	18	
	24	10					22	23		17	2		14	5		9	8						7	11
	13	16	22	9		12			17	15	19	1			18		3			21	6	5	2	
8					9			2	20						14	13			21					25
	18		23		24	25	11									10	3	8		2		14		
10		24				23	4	8			6				20	13	1				22			3
7	25	9			2			3		1		5			12			19			21	8		11
20		6			19	1	13	5							16	15	7	17			4			12
	4				14	7											22	24				16		
18		3			1				5						16				15			11		17
1	15	5	11	14			19		13	3	8	6			25		4			7	22	18	9	10
	16	8					10	22		1	25		23	12		6	19					3	4	
	10	23			20	8				11	13		19	16				9	3			12	21	
12									4	21	14	15	24	10	1									8
9		4	5	11			13				25				17					24	7	14		21
	1		10	17			16								19					12	4		22	
			16		18	21	12	8		17	10	11			3	24	6	23		2				
	8		15			9		14		5		16		7	2		13				1		17	
3				20	10			17	1	24	19	4	12	14	5	25			22	15				18

DIFFICULTY ✿✿✿✿✿

BEGINNER 18

数独

.	2	8	.	.	6	.	.	.	.	25	22	11	.	.	.	.	.	15	.	23	21	.	.	.
.	19	.	25	.	.	.	.	12	.	23	.	20	.	10	.	18	.	.	.	4	.	1	.	.
13	23	14	.	.	1	10	.	.	16	15	.	.	.	12	8	.	.	19	6	.	11	20	9	.
.	.	.	.	.	7	22	13	.	5	16	2	8	.	.	24	.	1	20	4	.	.	.	.	.
.	18	.	.	20	4	11	.	14	17	9	.	5	.	6	10	12	.	3	2	19	.	.	8	.
10	.	18	19	.	2	.	16	.	.	4	.	11	.	24	.	15	.	17	.	25	14	.	.	12
.	21	5	9	6	.	18	25	.	12	1	.	.	.	20	2	.	11	8	.	22	4	17	13	.
.	.	3	.	.	22	1	.	.	8	.	2	.	17	.	18	.	14	13	.	.	5	.	.	.
.	.	2	22	.	.	.	.	6	.	5	.	.	.	25	19	.	.	.	.	3	18	.	.	.
.	8	16	23	.	24	11	19	.	.	6	.	.	.	13	3	22	12	.	.	15	2	10	.	.
.	8	.	.	15	.	9	.	2	7	.	.	4	.	.	20	19	.	23	.	12	.	.	21	.
25	.	21	.	.	.	.	6	.	.	.	.	.	.	.	.	10	.	.	.	.	11	.	.	19
1	22	.	11	16	8	.	.	.	25	20	13	.	19	21	15	.	.	.	14	18	24	.	10	7
20	.	13	.	.	.	17	.	.	.	.	12	.	.	.	.	5	.	.	.	.	8	.	.	16
.	19	.	.	18	13	.	24	.	.	.	10	.	.	.	2	.	16	.	.	20	.	.	23	.
.	16	20	12	.	5	19	4	.	.	25	.	23	.	2	21	7	11	.	.	13	22	8	.	.
.	.	7	17	.	.	.	.	.	.	18	.	.	.	9	.	.	.	.	.	.	1	12	.	.
.	.	23	.	.	14	21	.	.	22	11	.	24	.	.	4	.	.	17	3	.	7	.	.	.
.	9	11	4	13	.	7	8	.	2	14	.	.	.	19	12	.	25	15	.	6	16	5	18	.
.	3	6	1	.	18	.	24	.	.	8	.	17	.	4	.	14	.	16	.	2	9	23	.	.
.	12	.	.	19	5	4	.	.	3	23	10	.	16	.	6	7	.	2	9	11	.	.	25	.
5	.	.	.	.	20	12	17	18	.	4	.	9	.	.	13	15	3	25	.	.	.	.	.	8
16	20	17	.	.	13	25	.	.	19	.	.	.	.	.	22	.	.	5	23	.	7	12	6	.
.	6	.	9	.	.	.	.	16	.	13	.	.	.	23	.	14	.	.	.	24	.	4	.	.
.	1	25	.	.	24	.	.	.	.	.	.	19	.	3	.	.	.	.	12	.	13	22	.	.

DIFFICULTY ✿✿✿✿✿

BEGINNER 19

1	2	3	4	5	6	7	8	9	10	11	12	13	14	15	16	17	18	19	20	21	22	23	24	25
		2	17				4	19		8		11	14							22	9			
	10		25	11		23			17	1		14		18	12				2	19	6		5	
		6				13	16				9		12				20	10				3		
13	23					24		19			9		12			5		3					1	17
	5						15	8		3	7		10	16	13	18							20	
				10	13	18			21	5	17		22	7	19			16	25	6				
	25	24	18			8		9	20							17	2		13		7	16	4	
	14			3	25			2		10				13		8		9		21		5		
		13	17			3	19		24			12			10		6	1		8	14			
5	4		11	15					16	14	23	1			21					12	13		3	19
8	15			5	17		6				11		14			23			19	10			16	25
		10	6		16				18	25	3		5	20	8				2	15	19			
21	11	18				8	14	19			13		15		22	6	12					20	17	3
			13		7				5	2	22	21	16	4	18			1		23				
3	16		2		15		10				12		8				13		17	4			22	11
10	13		1	14	19			15	9	4	18	25			11	12			20	16	2		21	23
	15	8			16	21			20			6			25		24	23		9	3			
		5		21	4		12	17		15				10	19	16		3		11		7		
	18	25	6			13	7								1	15					20	10	8	
				4	23	8			2	21	19		17	22	9			18	5	13				
	3					25	5	14		22	1		6	2	4	18	19					11		
17	14					7		4			20		3			16		22					25	9
19		15			2	23					24				1	20					14			12
	6		23	25		20				3	17		7	5	15				21	1	24		2	
		10	21							22	14		16		8	13					15	23		

DIFFICULTY ❀❀❀❀❀

BEGINNER 20

13			24		12		21					23				25		9		1				6
	17	22		4		9		7	16	6				13	24	10		19		21		14	2	
	10	23				3	1		24	22	17		11		21	6		4	12		15	5		
				16		15		6		2	9	14				13		17		4				
	20		14	12	2				17	3		25			22				1	10	24		19	
22		15		7		25	9			4		17		6				20	5	11		1		2
	8				15	3			5		21				6			13	23			16		
12					8							2						10						14
	5	17	13	3		20		21	18	9		24		22	2	1		25		12	19	4	15	
	4	21		9		23		12	7						3	24		22		8		10	6	
	9				19				13	24	18		15	12		22			4					1
23		14	7	15						2		1		17						20	22	11		3
18		22				4		10		13		9				3		11			7			15
5		4		21						23			11							2		12		10
	24				11			5		22	19		7	8	12				25				21	
	3	5		13	24		11									21		8		9		20	25	
23	18	21	6			8			1	15		16		3	9			10		5	12	22	24	
9												4												19
	19	25	12		20	2		9	4			6			13	15		1	24		16	7	14	
7		16		24	19	18				10		11		5		12	14			15		2		17
	21		5	10	24			19		25	8	4				7			11	13	18		23	
2				25		22		1		11	18	12				14		23		3				9
	16	11			5	14		20	12	10		3			17	4		18	19			21	7	
14	9		23		16			8	11	21				2	1	25		20		19			5	12
4		18			9			3				1	5	6		10		21			17			11

DIFFICULTY ✿✿✿✿✿✿

Super Sudoku 179

25x25
INTERMEDIATE

INTERMEDIATE 1

24	2		8					12		11	4		6	14		10					7		18	16
21		6	12		18	24			11	10				9	8			14	5		23	17		1
	4			9	3	22			2		17	13	24		1			6	7	14			11	
13	14						7	16								4	20						2	22
		20		15		1				22		18		7				9		12		24		
	18	17					8		24	15				22	21		25					1	5	
	21	10		24			9		12		7		4		22		18			20		8	23	
			1		17	14	5		23			2			3		19	10	6		11			
23			5			6		1	25						15	20		4			12			24
	11	4			15	10	19	22		5				12		17	24	7	1			2	6	
22	6			17	20				7	2	3		12	13	11				9	5			10	8
20		5				17	2			9	10		16	4		1	21				22			18
8		2		4	6	16	11			20				17		22	15	3		25		13		21
15		3				18	23			8	21		7	24		14	17				20			11
7	24			16	5				22	18	1		14	11	20				10	19			15	17
	8	22			7	23	16	17		24				1		19	3	13	25			6	21	
2			11				18	8							5	23				22				15
			24		9	19	22		1		2	12	5		10		7	8	17	18				
	17	25		1			14	15	20		16		10		6	11	12			24		5	8	
	5	23			25		21		6	3				8	4		16		14			11	9	
		8		3		7				19		14		16				18		9		12		
5	15						17	2								25	8						19	6
	12			19	10	13			9		11		20		17			22	23	15		24		
25		11	16		23	20			3	4				10	19			24	15		5	7		2
1	10		2					8		7	22	3	9	15		21					17		13	20

DIFFICULTY ✸✸✸✸✸

182 Super Sudoku

INTERMEDIATE 2

数独

		3	15		4	10	20		2	7		23		19	22		11	1	18		9	17		
	23		18		6		1	9								15	16		3		20		11	
13		20	24	19	11					9		22							17	16	18	15		10
4	11	6	10							16	15		8	1							13	19	3	2
		17				19	21	5	15			20			7	10	13	24				4		
23	21	19			15	1	18	11				24			7	9	13	4		5	22	20		
8		9	18		3		24		23		7		16		11		5	1		19	25			21
22	17			5	7	9			13			12			8		16	21	10				18	14
	1			20	14				10			5			23			19	8			17		
				12		17	8	6	21	4	20		23	25	10	22	15	18		7				
18		23							20	8	5		15	7	1					2				6
	25	11			6				9	10	1	17			2		14			3	18			
16			21	18		3	7			2		9			11	22		13	17					12
	8	6			2				12	14	21		18	20	5		15			23	9			
2		7							17	24	25		11	3	9					8				19
		11			8	17	21	22	10	13		6	2		4	25	14	7		15				
	19			13	12				5		22				24			6	20			2		
20			2	23			6								19			10	22					1
6		21	24	20		9			16	17		19			15		12		22	18	7			13
5	15			24	25	2				7						1	9	16					4	3
		5			24	12	25	8			3				18	19	17	23			1			
10	2	7	3		18					1				15				5			22	12	20	17
11		21	12	16	13					18		24						25	3	19	14			15
	13		19		22		15	23								4	2		8		5		24	
	18	22			7	19		11	9		17			5	16		10	3			6	13		

DIFFICULTY ✿✿✿✿✿✿

INTERMEDIATE 3

	16		5				21			1				18			19				11		20	
8		22			1	25				19				7				12	9			18		6
	2	24	20	25			8	4		17				23	1	6				9	16	13	10	
11		3	9	21	19		17	10	6						15	25	20		2	23	12	14		1
		10	6			24			11	22	14	9			4			23			15	25		
13	6		10		2		20	23			22				12	15			19		9		8	5
	20			18		12	11			21	4		15	8		9	10			1			16	
9		15			24	8		1		10	17	13	23	25		18		16	3	21				20
		11			17		10		18		2	9	16		5		1		21	24				
	21	8	17				6				1		24			4				15	18	22		
14	23	25				10	9			15	5	21	12	6		8	24					1	2	4
			20		17	22			2	24		1		9	23		21	19		8				
		3			4		8	25			20	7	13			16	11		5	21				
		11					6	13	23	4		17		22	2	15	12			10				
12	4	5					18	24		3	25		8	2		10	1				9	13	23	
	11	4	23					5	10						7	14				20	13	16		
		3			16		15		13	8	11	20			22		4		1	17				
18			24		8	1		21			7		14		17		3	11		19				9
	14					11	4			16	9		22	21		5	25				3			
5	17		12		22		14	20			2				19	13		18		7			4	21
	18	2				13			24	16		21			19			4		5	23			
20	23	1			18		25	17	12	3	11	7							6	14	19			15
	25	17		6				16	9	11				5	13	2				18		20	1	
3		7			14	20				12				4			18	17				21		2
	11		16		5			19		2				17			23		14	10			6	

DIFFICULTY ✿✿✿✿✿

INTERMEDIATE 4

	13		20		22	9	24		7	14		5			4		17	25	21	8		10		
		14	13			15										10		20		22				
16		3			10			14		15		7		23	8			12				1		20
		8	9			12		21		6	11	22			24		23			2	18			
7	6		11	21	19		8	18	4	3		24		2	1	5	9		15	17	13		23	12
	13	2		5	6				19	17	22	25			10			23		9		21	8	
22			15			23	20	12		18			21		2	16	13				4			5
24	16		3	10		8	21									5	18			11	2		13	25
	18		23			2		5		7	24		14	1	3		12			6		20		
4			6	25	18				16						21			11		12	22			1
13		23		11		3		25		24	18	1	20	6	19		15			21		22		2
5		25			11		24			4				7	12		16				8			13
		24	18		2							9					3	16	17					
6			15				8			17			10		23			5						11
	17		12			4		19		14	22	15	11	8	10		24			1		5		
23		20	2		12				9						15			7		4	10			22
	22		7		16		21			23	5		1	14	25		10			24		3		
3	21		9		24	10									12	16				5			20	14
19		13			14	22	15			9				20	4	21	5			25				16
14	18	16		6	5				11	4	8	13			20				22	7		9	2	15
8	5		19		23		18	2	15	25		16		11	12	22	20		10		1		4	17
		4	15		17	6			24	7	12	8			5		19	2		10	20			
10		14			21			9		5		20		4	7			1			19		24	
					25		19									13		4						
	12		16		1	5	4		13	19	21		24	22	8		15	9	17	25		6		

DIFFICULTY ❀❀❀❀❀❀❀

INTERMEDIATE 5

1	2	3	4	5	6	7	8	9	10	11	12	13	14	15	16	17	18	19	20	21	22	23	24	25
	14						6			10		13			25								3	
25					4		20	22		9	7	17			16	10		11						1
		9			5				8	18			24		17			7				16		
	24		7	11			18			1		16				5				6	13		2	
18			3	10			1			8	14	4	15				2			25	20			21
	15	21			18	13	22			3				8		6	7	17				20	24	
		19	25		14	24			21			16			13			10	4	22	12			
	6			18	10		15	1	7	5		2		4	16	8	24		12	21			14	
7	20		11				5	16	25	17	6	12	18	22	14	21	9				10		19	3
	14						4	17	2						3	5	19				6			
	13	10	4	6	25			24	8		21		3		7	1			2	11	16	14	15	
24	3		22	9					14	16				11	6					2	4		10	7
	1		21		11	23	2								13	16	19				3		20	
14	16		12	23			19			13				2	10					18	6		25	24
25	20			15	22			16	13			8		7	18	11			23	19			21	17
		7				22	18	17	12						21	15	3	24				2		
16	8		24				9	11	13	20	21	25			5	4	17				23		6	19
	10			17	16		3	5	23	12		4		7	6	14	25		9	24			22	
		5	21		19	20			14			13			23			1	8	9	17			
	4	23			2	6	25			24		17		3	22	11	16					15	18	
23			14	1	25	13				15	16		6	17		18	4			12	9			2
	5		15	24		11		21		9	22	25	2	23	17			12		20	18		13	
		3			6				4	21				18	2			10				19		
19					1		14			11	3	10	5	13		16		6						17
	11								10	4		14			23								1	

DIFFICULTY ✽✽✽✽✽

INTERMEDIATE 6

数独

	16	11	13			1	24			21		23			25	3				20	7	19		
	25	20				7		13		12	4		3	24	16		5				18		6	
1		9	8			21	19		12	11				25	23		4	2			17	15		16
5			3		6	25												15	14		22			23
12			21		20					6	16		2	1					24	3				10
	7	14	15			12				23	18	8						16		11	20	1		
	23	2				17		16			22					14		20			10	12		
10		18				22			2		5		20		9		8				13			24
8	12								18	16	10	14	15	21	2								5	9
	17	5					15	1	21	4		9		3	25	22	10					7	16	
	8	4	7					2	5	21				22	16	23					13	9	20	
20	10			25	13		21	6								9	2		11	15			7	14
16					18	14		11	7			6			17	8		4	15					1
6	18			5	16			25								12			21	8			24	3
	1	21	2	14				20	15	5				16	3	24				18	6	17	11	
	4	22					6	12	3	20		19		2	5	1	8					25	23	
17	20						5		14	15	1	3	11	10	24			23					22	2
19		14					4		13		6		21		15			9				20		8
	15	1	13		11		2	7				4				20	22		3		14	6	19	
	12	18	2			20				24	13	22						6		4	15	21		
11			17		7					23	15		5	20					6	21				12
15	5	25	4		2	10				22				8				7	12		1	14	9	13
18		20	6		21	3			8	24				12	10			22	1		5	23		11
	14		21			16		15		19	2		4	9		18		20			10		8	
		10	12	22				17	5	11	21	18				3	9			7	25	4		

DIFFICULTY ✿✿✿✿✿

Super Sudoku 187

INTERMEDIATE 7

8			15		6				10						18				19	9				23
5	7			1		16			3	10	20	9	12	24	22		17			6			15	14
		19		21		1			13			18			3		5			24		22		
24			3						14	22	6		5	17	4						1			19
	2	16			8	21	24	22		19				7		14	20	10	12			18	25	
6			22				8					10					4			21				12
		24	7			5	13			2			15		8	10				17	6			
	14	15		10	7	24			12	21	3	8	9	11	16			5	23	13		20	22	
			20			6		25	21	7	24		14	23	19	9		17		4				
4	5	21	8				15	20			18		6			25	11				24	23	19	10
	4		21	2		10		15			13		22			18		9		20	8		17	
	1		22					14	5	12	17		10	3	11	6					7		2	
	19	6			17		3				25					12		2			24	18		
	25		12					18	2	8	7		11	21	13	22					15		5	
	16		10	13		1	9	8			14		19			17	21	20		11	12		6	
7	8	10	5				16			2		4			3						21	11	14	24
			12		2		9	15		5		7			21	10		19		22				
		4		18	21	3			6	16	11	13	23	25	2			7	20	8		10		
		16	11			7	17			15		6		10		1	14			18	19			
2				14		18					3					9				7				5
	11	22			3	16	2	21		20				19	12	24	25	5				6	10	
19			13			15			25	9	12		18	16	17			8			5			22
	24		15			4			17		23				10		13			25		16		
10	9			25			23		19	3	21	7	2	14	6		22			12			1	4
3	17		2		12				9						7			14		20			21	13

DIFFICULTY ✿✿✿✿✿

INTERMEDIATE 8

数独

1	2	3	4	5	6	7	8	9	10	11	12	13	14	15	16	17	18	19	20	21	22	23	24	25
14		1	11			23	10	12		7		3		6	25	21	15				19	5		9
	22				17			4	15	23	21	14	18	9	8	11		2				20		
7					14		5			13	11	8				1		17						25
2			23				25	22		17		5		15	9	4					18			8
				8		1		6	3	10		12		19	7	22		13		24				
			1		4				11	24				7	3				10	9				
	5	7		16	10	17			13		15	20	19		4		12	14		21		24	22	
11						19	1	22				13				23	25	18						4
17	3	21	13	10		15	16				9		6			7	22			8	1	11	14	19
8	19		25		20	2				18				16			5	9			17		10	23
1			6	11					14	9				24	15					18	12			20
	10	8				18		24			19		11		12		25					15	7	
20		4	16	19		15	12					10				2	1			11	3	23		24
	12	14				25		20			8		5		3		24					17	19	
22	2		18	5	17				8	3				12	10				11	25	21		16	13
3	21		2	20	9	8				19				13			6	14	23	22			5	17
	9	18	24	6		20	23				4	2	22		25	7				19	14	10	11	
10					21	25	14				17				9	13	23			6		21	25	
	1	19			12	10			18		7		23		22		5	11						15
			17	22				2	5	3				12	1				3	13				2
			18		15		17	7		13				14	12	5			21	2				
16			17				8			11		15		22		2					25			21
9					22		18			17		2				14		19						12
	15					9		12	5	1	16	18	7	23	20	24		8				17		
25		10	21				3	2	23	20					4	16	17	18			8	9		22

DIFFICULTY ✿✿✿✿✿✿

INTERMEDIATE 9

10		22								4	3	17									5			7
	7	16			17	9		24		22		15		14		12		19	5		6	1		
21	2	1	4				6		22						13		10			23	15	12		17
	12	20	14		1				25		16				9				17	10	22	19		
				6		11		20	12	13	10	1			22	2		25		4				
	5		2			20	1	21								18	16	11			12		9	
	20			13	22	16			14	7				9	17			10	3	15			18	
		15			12	18	24	8	13		3	22	20		25	19	5	7	1		14			
	8			22	10		3			21	1		19	15			20		23	17			13	
	11	24	21			17	2		23	18		5			15		12	6		7	22	20		
	21	24			16	22		25								11		2	15			1	4	
12				11		17	10	6		19	8	18			23	20	14			21				16
22	16	14	10	17		5		3		7		11			1		21			18	9	2	6	12
18				4		23		20			9				19		17			3				14
	13	19			21			11								6			16		17	23		
		10	20	14		3	8		17		24				4		22	5		12	21	23		
	18			12			22			8	20		7	16		25				24			2	
		8			19	25	12	5	10		15	13	2		6	24	23	14	20			9		
	11			2	24	6	15		16	19				1	12		9	18	8	25			17	
	25		23		14		20	9								15	19		7	16		8		
			20			2		7	19		9	23	3		14	10		24		8				
	23		8		20				11			17			5			21			4		16	
7	15	6	11			16		8				18			20		1			2	12	5	9	
	24	21	22		5	12		1		20		2		7		25		17	11		19	18	3	
3		13									8		12									21		24

DIFFICULTY ✿✿✿✿✿

INTERMEDIATE 10

数独

C1	C2	C3	C4	C5	C6	C7	C8	C9	C10	C11	C12	C13	C14	C15	C16	C17	C18	C19	C20	C21	C22	C23	C24	C25
22						7	23	12	1	15	19	13			21	25	11	18						24
				14		24		13		7	22	16			6		1			11				
			20	19				25		11		17		14	23					13	22			
	12	13	24		19	14				25		1				17	10			23	6	15		
	6	25	15		5			20	3	9	8		10	18	24	4			14		12	7	17	
14					16	25	17	2	20						13	7	15	8	11					4
3		7			23				24	17				8	9			22			2			10
17	1		4		9			3							6			16			5		11	14
6		16		9			19	5			3		11			17	18			15		25		21
	25	8		2	22	1								7	5			23	24	12		19	6	
	23		20			8			16	14	13	19			4				7	22		5		
5	13		2	25			7			16				4	12					1	9		23	8
24		17	19		1				21	25		3		15	16			18		14	4			13
	8		21	3			13			6				7		24				25	10		20	
	9		16		10				2	22		23			25			17		19		21		
	17	6		10	11	5				21		7		22			19	25		4		16	1	
11		5		23	19		4	22		18		8			14	16		13		20		6		17
21	4		25		18												9			8		13	22	
16		22			13			6		10			23		7			21		3				5
12		13			20	3	25	10	23			11			1	2	6	22	17	18				7
	14	22	16		24			19	4	18				11	5	20			3		13	23	10	
		3	23	6	20	16				19		14				7	11			17	18	22		
		5	4				18			8			10		1					9	15			
	20			17			13		7	16	23	3			12		22			24			5	
8						11	5	17	9	24	1	22			14	21	4	25						12

DIFFICULTY ✿✿✿✿✿✿

数独

INTERMEDIATE 11

1	2	3	4	5	6	7	8	9	10	11	12	13	14	15	16	17	18	19	20	21	22	23	24	25
			10	12	11				23									15	21	24				
	13	11		25	23			14	24		6	4					17			21		10	20	
		16	9	17		24	15	19	21		18	7			11	10				25	4	2		
	6	23	5									17									12	14	3	
22	8	24		21		6		18		9		10			4		12			19		23	7	15
25	23					2	3	8	10	12	13	20	4	22	5	16	21	6					1	24
15		20			1	25				18		16		17		12	10				22			3
		9		7		12		6		11				25	3		19			5		15		
		21						18	23	15	5	1			7	4				7		17		
				2		13	4	17	15	3		19			24	9	1	8				23	14	1
	15	6			7	23	1								22	3	16				21	8		
	14	1			11		10	19	21	22	6	5			25	2	8		15	4		20	24	
17			2		18	6		13		12		8				21		24	9	14				22
	11	18		12			3	5	24	17		25			20	13	6				2		9	16
	19	8			4	2	9				10					23	14	1				5	6	
				20		5	23	3	2		6		16		11	22	4	18		17				
	22				24				1		10	8	12		16				20			6		
	4		8					19	22	15	1		7	5	17		13			11		12		
6		17			10	21				4		2		18				1	12			7		16
16	1				9	20	17	8		22	23		24	13	25	15	6	7					18	19
20	25						5		19	16		17			9		24						2	7
	18	19	7									3									22	1	17	
	12	3	8	6		22	15	21		20	11		23	19	16	25	5			14	9	24	10	
	5		24	16	14					1	25		13	15						23	3	21		11
			14		16							21					23			22	6			

DIFFICULTY ✿✿✿✿✿✿

INTERMEDIATE 12

		15		22	13				10						3			20		9		2		
		7	6		12		2			22		19				5		23		18	24			
12			9	24			5	17	6		16				4	2	8			11	3			23
	1	23		2		16				24		15		3				18		19		6	22	
5	3		25				22		1			9			11		21				15		10	7
				16		3		5	13		6		21		23	18		22		4				
15	25		8		12	11			2	13				20	21			24	14		1		23	9
			13			21				4	12		11	17		2				16				
	5	20			10			4		7		23		9		17			25			8	18	
14		1		12	6	20				10	15		8	22			13	7		2		5		19
		18	5		24	10	1	19		2	9		22	14	7	23	16	15			17	3		
	21				8		15		22	3	1		5	18	17		20		12				13	
		16	13	10			20			15		8		21	3					25	2	19		
	12			1	5		18		16	25	7		10	19	13		24		9	14			11	
		3	4			2	12		11		24		16		25		10	14			21	9		
13		5		3	15	25				20		7					21	2		1		17		4
	22				7			13		11		24		6	14			15				12		
		24		15		2				1	23		25	5		13				6		22		
23	2		10		18	6			24	19				8	22		17	11		13			7	21
				8		21		9	17		13		15		20	24		16		3				
22	23		15		25		3		21			14			8		7		19		4		9	1
	10	8		19		9				5		3		16			12			7		24	25	
18			2	9		11	14	4		6		17		24	5	15	22			13	19			3
		12	5		7		22				25		18			1		4		23	10			
		4		20	10			23							9			25		17		15		

DIFFICULTY ✿✿✿✿✿

Super Sudoku 193

数独

	20	3	5		2			9								17			8		25	14	18	
21			8			20			7	24	16	5	19	9	13			18			6			17
7				17	8			19				4				21			5	13				1
11	16		10		22				4			25			9				1		19		15	24
		6		9			13	3	1		8		21		16	11	10			22		23		
23		13	4			21	15	16	5					2	20	24	25				17	3		10
	11						2	23	7		10				1	13						19		
			20	14		5		8			24				18		9		12	11				
12		21		2	18	10			14	1		25	17				15	11		6		20		23
	24		7	6	25	17	12	11	23				13		10	4	14	2		5	9		21	
	10				5		22	13			23				7	25			19			8		
	5		19		11		10			24		14			20		16			1		13		
	7	11	2	18		1			22	15	16	4	10			14				24	3	5	20	
	13			14		7		17		25		8			4		2			18			10	
	21				4		20	14			18				24	5			3				17	
	19		11	22	3	23	20	14	16					15	2	18	25	24	7	8		6		
2		23		4	12	13		1	25	17			22	24		14		9	16	20		10		15
			25	24		11		9			21				4		7		20	23				
	8					25	21			9		23			12	15						5		
15	18	9	16			2	6	22	20					3	11	8	1				4	25	24	19
		15		5		14		2		11		9			22		23			16		8		
20	14		13		10			19			6				25				9		21		23	3
18				3	13		16				1					12			7	9				6
8		25			9			24	18	12	7	3	14	6			17			5				20
	9	10	12		11			7								3			4	22	19	25		

INTERMEDIATE 14

		23	10		20	7	21			25	9	19	15	14			6	18	11	22	5			
	3						9	15	24		11				19	7	25						14	
	25	20	18		11			10	16	5				7	13	21			3	9	19	4		
24	8				19		2		14	21			3		15		16		1		23			12
14	21							8		1			18				12				2			16
16		7	1		13	15				14		22		24			2	4		12	17			20
22				20	24			3								12		9		23				1
	13				18		11	20	9		19		4		16	22	14		10		6			
	25	15				22	23		7			17			1		19	21				8	3	
	8	4	19					1	2	18	7	5	16	23		3	24					25	10	9
11		19							22	10	3		1	12	20								9	4
21			7	2			18			6				8			22			15	23			17
	14					9		13	6	2		17			24	10		5					12	
3		8	1				14		4	24				20	12		21			6	2			25
9		17			12				10	7	15		22	4	23			2				20		11
	21	3	2					6	12	11	4	13	23	9		24	17					22	15	16
	17	23				21	20		11					16	10		12	13					25	19
	9		12		25		15	23	18	24			7		2	20	3		19		21			1
18			11		8			14									1		16	12				10
10		13	15		17	16		22			1					6		25	8			24	3	18
8		18					14					12		11			5						19	3
25		9			22		12		13		6		8		17		2		21				5	14
	2	21	5		10			7	1	17				15	14	8			23	25	13	22		
	4							11	21			23			9	25							18	
20				14	5	9	25			13	16		10	21			1	6	12	8				23

DIFFICULTY ✿✿✿✿✿

数独

INTERMEDIATE 15

C1	C2	C3	C4	C5	C6	C7	C8	C9	C10	C11	C12	C13	C14	C15	C16	C17	C18	C19	C20	C21	C22	C23	C24	C25
	6		23		14	1			18	8		11		13	15			24	25	3		16		
	13		15	16	7	5			19			24			6			4	21	2	1		8	
18		19			4	9			22						5		23	2			20			11
		17			16				2	15	9		7	20	8				1			6		
3	24	8	5	21			12					10					7			23	4	9	15	17
23	8		13		5	6		24		1	21		25	12		18		7	10	15			17	3
9	4	22	7		11	21				19	24	3	8	23				15	12		5	18	16	20
			12				8			22	16	20	14	4			23			1				
			12							10				7					16					
21	14	16	24						25	6		18		5	20						13	8	11	12
24		16			18	11	19	10							21	9	5	13		12				4
		12			13		4									14		15		8				
22	23	4		20	15	17	24		5	13				16	19		10	3	6	21		1	25	2
		17			23	22	21										11	1	20	3				
15		8			1	12	7	25	20						24	2	4	16	23	10				6
10	17	9	3						23	16				24	1						25	12	4	15
						24				14				2					5					
		18					14			5	23		1	17			12			22				
20	25	2	11		21	19				7	22		18	3			6	8		17	24	10		1
	1		21		8	4		17		20	19		12	11		22		10	3	18		5		
	23	6	17									16								10	22	14		
	22	12		9	18	23					14		21				25	7		20		13	24	
8		24	19		10	7			21		1				12		11	4		9	17			23
	20		1	3	2				15			17			18			14		8	11		19	
		18		15	19	14			24	23		12		6	3			17	22	16		4		

DIFFICULTY ❁❁❁❁❁❁

INTERMEDIATE 16

20	24	2								8	5	3	4	15								1	10	17
9	19	18	17	10			7									15				8	22	16	5	2
13	15				3	20				10				9			2	11					14	19
	6		5	23		19			11			2			7			4		12	18		24	
	16		14		21	13	1				20	7	19				10	25	5		6		3	
	18	11			1	12	3	21	14		5		22		10	13	25	6	2		19		24	7
		13	6	15		22				20	25		17		11	10				12	18	1	5	
	7			3		9	4				21	2	15	6	13			18	20	16			11	
					18	8			7	24				16	5		21	23				10		
		4					23	16		18			14		1	7								
21		14			5	16		8		7				1	20		12	25			22		15	
11			16			14		25			5				3		2			7			18	
		25	22		1	17	15		6	14	4		12	3	16		11	9	13	10	8			
5			17			13		20		19		10		25	19		4			25			11	
12		23			24	18		11		19		10		25		21		17	6		13		16	
		9					3	10		21		15			14	12					11			
					16	7			24	20				23	2			3	19					
	3			18	15	5				11	1	12	10	8			13	17		2			4	
	19	2	14		11		12	18		17				7		9	23		8	6	13	20		
	8	5		7		21	9	19		22				18		6	1	15		24		17	25	
	5		19		6	14	20				7	21	2			17	23	10			24		13	
	17		16	11		12			13		14				21		1			3	4		8	
1	2				7	23				13			5			16	14					20	25	
		6	21	13	25		22									8		3		14	19	10		
23	14	4								6	19	25	16	20							12	15	1	

DIFFICULTY ✿✿✿✿✿✿

INTERMEDIATE 17

DIFFICULTY ✽✽✽✽✽

198 Super Sudoku

INTERMEDIATE 18

数独

23	25			13	11		9									5		20		12			2	19
1						2	20			23	15	19					10	25						13
	2		21					19	13	5	20	7			22	14					23		3	
		7	20			17			14	4	3		12	8	13			2			9	25		
9					23		24		3						15		7		6					17
				5	18	9	15	14				7			6	2	21	10		13				
6	16	24			10					19	13	25							18		14	12	11	
	14	12		22	20		4			16				5		19		7		2		1	21	
2		1			11	25				15		6		22		17	9				24		4	
	9	19	18							1	17	4								15	6	7		
7			4	25		14	8			19		3		6		11	5			22	10			24
	21	6	24			3			11	10				16	1		13				5	15	20	
	10	14		2	21			25	20	9				15	24	8			23	7		11	1	
	11	18	9			1			4	17				7	16			6			2	23	13	
3			8	15			9	7		11	20	24	5	23		25	4			16	17			6
		10	3	1						13	19	2								21	25	16		
8					3	14				7		22		20			16	2						12
	18	19		14	9		8			24				3		15		25	10		2	5		
4	12		16		7					25	5	8					13			11			6	22
				9	1	13	6	24			14				10	3	11	5		19				
12					14		18		22	13				25	6		20		8					1
		16	18			20			2	6	9		15	21	19			7			12	4		
	19		1			4	25	15	6		18			23	10	13	17	24			22		9	
22		25				16	1				14	10	24			11	3					17		21
15	4			17		10		3		2				1		16		14		25			24	8

DIFFICULTY ❀❀❀❀❀❀

Super Sudoku 199

INTERMEDIATE 19

	22	11	10		12	16			4	20		19		8	1			15	7		25	18	17	
17	16				24	14											9	2					15	12
19		14		9	13		2	1		12				10	23	5		11		8		20		21
23				8			19	25							22	6				7				10
	20	25			5					18	7	24	6	14				12		19	16			
	1	6		7		8		16	5	24		18		21	14	19		11		22		13	10	
3	8			5	21				10						16			15		4			24	25
	18	21				22		2	25		13		17		10	5		23			12	3		
	17	2			20		11	13								24	7		18		9	23		
12					6	23			14		3	5	10		8			17	1					18
22		19		2	10					1	9	7	12	20				16	25		14			24
				6		7		19		17				25	12		15			10				
13		7		14	2		9		3	5				11	21		25		6	20		12		19
			25			18			21	22			24		4		11			2				
18			11		22					2	14	15	21	6				5		23				4
9					14	4	16		23		12	25	3		22		21	1	19					11
		14			17		10	3								7	20		25		4			
	8	3				2		21		10	1	5				6		14			24	17		
11	5			19	9		13		7						3		18		24	14			25	22
	2	4		15		24		22	12	14				18	23	16		5		1		8	7	
		5	8		19	11				3	22	16	14	9			18	17			13	21		
14				3		22	12								9	16				17				20
15		12		1	23		5	18		7				4	10	13		8		3		25		9
10	24				16	6											7	21					8	1
	17	9	23		3	1						21					19	20		18	11	2		

DIFFICULTY ✿✿✿✿✿

200 Super Sudoku

INTERMEDIATE 20

DIFFICULTY ✿✿✿✿✿✿

25x25
ADVANCED

数独

ADVANCED I

DIFFICULTY ✿✿✿✿✿

ADVANCED 2

DIFFICULTY ✿✿✿✿✿

ADVANCED 3

22	11			18					8	6				23	14					21			10	7
25				8	22	21					1	13	9				7	4		2				11
		2	6		10			23	19						3	15			22		17	18		
	14	3	13						7	10	17	24	25	21	9					5	15	8		
12	15		21		5		11			14				2			23		24	1			3	19
	18	13		17			1	24	15						4	2	12			10		25	8	
	9							4	16	8		13			10	17							18	
			5		12		9			25	15	21					6		16	13				
	19					10	2	20			6		17			18	8	23				7		
6		15	12		17	22			25	7		4		24	1			13	11		21	5		20
7			9			3	14	1		17		18		13	25	16	5				11			15
	6		23			16	13	22							19	20	3				2		14	
	14		25					6		11			20		2						16		5	
	5		1		17	12	2									11	14	21			8		20	
2			8	16		20	7	9		21		14		4	23	24	22			3	25			13
4		16	14		7	1			10	19		2		17	12			9	15	22	21			3
	12				20	15	22	13		3	14		4	10	5	19	2	8			23			
			21		9		23	5		24	13	6	7	12	25	11		14		4				
	19						25	4			9		18		13	23						1		
	8	7		22	21		19	11								3	1		18	9		12	17	
17	3		15	20	6		4			1				22			2		5	11	13		25	24
	25	11	14					12		4	10	19	2	6	17					22	7	3		
		1	22		11			10	14						19	21			13		18	17		
5				2	1	24					18	11	20					8	7	14				10
10	4			7						13				14						20			21	1

DIFFICULTY ✿✿✿✿✿

ADVANCED 4

DIFFICULTY ✿✿✿✿✿✿

ADVANCED 5

DIFFICULTY ✿✿✿✿✿

25x25
EXTREME

EXTREME 1

3			23				15	14		6	11	24	17	8		21	25				1			12
	24	20				21	3	6	16		15				9	2	17	4				8	10	
	25			14	22	24				18			16				8	7		4			17	
15			1	19	25			10								13			23	21	20			5
		9	6	21			1		19		20				3		5			24	13	2		
		3	19			2		16			18					8		5			6	13		
	22	6			20		23	12	1	13				9	14	10	19		11			21	4	
8	13			5		7			14						1			17		23		25	2	
	17		24			11				10		1		4			6			8		3		
	12			10		6	13		3	8				17	24		4	7		5			20	
		23		18	5				2		25		8		7			13		1		11		
14		21								17		16		1							10			13
9	7			8	16			11		20	6	2				23			4	3		22	21	
24		5								21		4		11							14			8
	11		25	10	22		9	24		3		23			8	1		20	21	7		17		
	20			6		12	2		13	14				10	25		8	3		22			21	
1	2		11		19					9		22		20				24		25			13	17
16	21			22		23			18						17		11			6			24	20
	14	25			11		21	4		2			3		7	20		10			15	19		
		4	3		25		5			7		8	21		6		13			10	1			
	22	8	12			6		21	11		3		25	2		1				16	17	23		
10			5	17	14			3					25				18	13	21					4
	3			11	9	16		1		5	13		14	23	20		22	6	25		2			
	6	16				5	25	13	15		19				21	11	12	10				3	8	
2			25			11	17			12	16		20	15		19	3				22			1

DIFFICULTY ✿✿✿✿✿

210 Super Sudoku

EXTREME 2

数独

		19	20			5		23							12		25			24	3			
	7	8			14		21	20		13		15			16	3		23			10	22		
	4		2	12			13	17							15	20				14	5		6	
5	1	21	22		19	8		24		14				25	17		2	13			4	20	18	7
13		3				2	10	7		5				12	24	14	18				1		16	
	11		25			14	16			17	20	18				2	9				7		19	
14		20	19		15	1			5	21	12	11			4		17	18		9	22			3
	21	24		3	23													8		16		14	12	
15	7	9	4	18				20		19	3	16	5	10	14					1	8	2	17	11
16								11	17	24	2	9	8	14	10	19								18
		21	16					25	10	23		19		9	2	11				4	14			
24	10				13	18		15							16		22	12			3	23		
3		13			22			12		8		4		16	20			24			15		10	
	18	11			20	9		4	2						23	13		10	17			8	7	
		1	23					16		13		5		22	9					11	2			
1						7		6		22	20	10	9	19	23		24							17
9	20	23		2			8			1				4	15					5		16	11	21
	5	19		6	17														25	22		12	8	
17		16	21		18	15					24		6				3	11		13	25			10
	15		24		10	2				25	17	12				6	4				23		1	
4		16			11	23	14			18				6	3	5	19				21		8	
21	2	13				9				7				8				20			6	16	14	
	10		18	7				1		5		3			6					15	17		4	
		1	15		16		12	18		22	14	4			7	25		9			13	5		
		5	9		4		15								8		13			18	1			

DIFFICULTY ❀❀❀❀❀❀

EXTREME 3

```
 .  22  .  .  | 21  .  7 19 |  . 11  . 17 | 20  8  .  9 |  .  .  4  .
 .  17  .  9  | 10 14  .  . | 21  .  . 13 |  .  .  4  2 |  .  5  . 16
25   .  21 10 |  . 12  .  . |  . 18 20  5 |  .  .  3  . | 17  9  . 23
15   3  7  8  | 24  .  .  9 |  .  .  .  . |  5  .  .  1 | 21 12 25 10
 .  13 14 24  |  .  .  . 17 | 12  .  6 16 |  7  .  .  . |  8 15  2  .
----------------------------------------------------------------------
 .   9  . 16  | 20 24  8 18 |  . 17  .  . | 13  2 23 11 |  . 10  .  1
 .   8  .  .  |  2  . 11  4 | 22  .  . 25 |  9 10  . 16 |  . 12  .  .
14   .  .  .  |  .  9  . 23 | 20 16  7  2 | 12  .  5 24 |  .  .  .  4
15   .  3  .  | 16  1  .  . | 14  .  . 21 |  .  6 19  . | 20  .  . 22
 .   .  . 23  |  .  3  .  . | 24  1 11  . | 22  .  .  . | 16  .  .  .
----------------------------------------------------------------------
 9  12  . 14  | 20  5 22  . | 25 16  7  . |  3  6 19  . |  4  . 17  2
 .  21  .  .  |  .  4  .  2 |  8 13 18 10 | 12 20  .  . |  . 24  .  .
 1   2 17  .  |  7 10 16 18 |  9  .  .  3 |  5 24  8 25 | 19 11  6  .
 3   . 24  .  |  .  .  .  9 |  1 17 20  4 | 15  .  .  . |  . 22  .  7
 4  11  . 20  |  . 13 25 24 |  .  6  2 12 | 17 16  1  . | 10  .  9 15
----------------------------------------------------------------------
 .   .  .  1  |  .  7  . 21 |  3  9  4  . | 23  . 25  . |  6  .  .  .
19   . 24  .  | 11  4  .  . | 15  .  . 22 |  . 20  3  . | 25  .  . 10
12   .  .  .  | 18  . 20  . |  7 23 13 11 |  . 19  .  5 |  .  .  . 14
 .  21 14  .  |  6  . 15 24 | 19  .  . 17 |  1 22  . 18 |  .  8 13  .
18   8  . 17  | 12  .  9 25 |  .  5  .  . | 14 13  . 21 | 23  .  2 19
----------------------------------------------------------------------
 .   2 19 25  |  .  .  .  7 | 17  .  .  5 | 18  .  .  . | 20 22 23  .
 .   5 12 16  |  8  . 20  . |  .  .  .  . | 21  .  . 15 |  1  . 10  7
23  18 10 22  |  .  9  .  . |  4 13  1  . |  . 16  .  . | 15  2 21  5
 .   4  . 11  | 22 18  .  . | 23  .  .  7 |  . 10 17  . | 16  .  3  .
 .   .  6  .  |  3  . 24 16 | 11 10  9 20 | 23 12  .  4 |  . 18  .  .
```

DIFFICULTY ✿✿✿✿✿

EXTREME 4

数独

10			17	6	16			20	4						3	12		19		18	8			5
	13						25				19	9	16			20							22	
		1	16		19				9	2		10		12	6			25		21	11			
24						2		3	10	18	11	15	7	1	13	5		21						12
22			8				24	11			6				15	1				4				9
14		15					24	4		19	21	3	8	5		9	11					17		22
		22							8	24				13	23						11			
	9				18		3	2		25				23		14	5		22			7		
12				21	23	15	13	17							10	20	4	16		9				2
8		17	19	23				11		10	12		22	15		25				16	4	13		20
		20	9		15	8	19			13				3		18	25	24		23	4			
16	14		5		1	22			13	25	24	11			8			7	23		15		18	19
			2		10					14		12					6		1					
13	7		18		2	11			21	16		23			20		14	5		12		24	17	
	6	12			20	24	5		16	9				18	11		21	1	3		13	22		
20		19	6	12						15	5		4	8						14	9	21		13
23				13	14	5	17	22	19						4	7	12	8	16	20				1
	1				6		4	16		22				9	11	3		20				2		
		2							12	20	18		3	14	25						17			
15		4					21	8		16	1	7	6	19		13	23					10		3
18			7				14	1			8				17	19				10				25
19		8	4			10		6	20	12	2	25	18	24	5	3		15			1	9		11
	24	10							15	23		1		17	14						7	12		
	17					2				9	4	13					10						6	
9		25	1		17			18			10		19			22			2	23	14			21

DIFFICULTY ❀❀❀❀❀

Super Sudoku 213

EXTREME 5

C1	C2	C3	C4	C5	C6	C7	C8	C9	C10	C11	C12	C13	C14	C15	C16	C17	C18	C19	C20	C21	C22	C23	C24	C25
13	15	3	6	9	25		7		5						2		14		20	8	1	24	11	19
8		24					16			25		21		13		10					5			14
	12	2					18		14	19		24			21		3					9	17	
11			1			24		19			2		8			5		4			7			15
7			20	5	8						17	1	14						15	16	4			3
22				10					17	20				6	9					2				25
		12						2	7	5	10	8	11	19	3	16					21			
9	4	25							8	23				21	20							22	14	24
		14				22			16	4		24		25	12			5			11			
15		20			14	18	11		24		22		3		6		8	23	17		7			13
6	2				9	1	3	12		11				5		19	20	22	10				13	8
	16	9	15			8					18		6				11			1	17	2		
	18		24	17		19		13				7				2		8		14	5		6	
		11	5	13		16					14		12					7		9	23	4		
3	22				11	14	25	6		13				2	17	5	15	9					21	12
19		15			22	9	23	11			8		2			18	7	17	14		6			21
		16				4			20	12		23		14	1			21		22				
2	6	14					12		1	18				17	15		24					23	19	20
		18					14	2		7	9	4	20	10	8	12					15			
5			25						10	6				15	19					12				17
21			2	6	4						3	19	1						24	11	13			18
23				3		21		20			16		18			11		25		17				7
	14	12					2		13		5		25		23		18				19	4		
18		17									2		6		12						21			23
16	10	13	25	19	18		6			11	21			7	4		1		5	15	8	3	2	9

DIFFICULTY ✿✿✿✿✿

EXTREME 6

DIFFICULTY ✿✿✿✿✿

EXTREME 7

	7		17								5									18			2	
18		21				8	6				20				24	1					17			14
	16		8		3		10	13		24		9			11	15			22	19		12		
	19		20	16						8	3		23	17					7	24			4	
		3	15	24		18			22	10		13		4	5			20		8	1	16		
		18	7		21	23	19	12							25	4	13	5			9	1		
		23	9		22	4			14	3				25	6		19	11		17	8			
	15	22				1	8					11		4				2	21			14	23	
	21	10				6		25	11	5	9		14	22	16	18			3			15	12	
	3					10	16		20	1			17		22			24	23			11		
			19	10		25		9	1		23		22		13	17		7		14	2			
		24	1				21	10		9	6		7	3		12	19				22	5		
14	16		11		20				17						22			4		23			8	9
	25	18					6	7		24	2		16	5	15	23						20	10	
		22	2		3		5		8	10		19			11	16		21		25	18			
	20			25	8	9		2		12		10		15		5		17	4	11			14	
					13			17	20	23	16		5	8	3	9			15					
	8	9	16		11	5				13		1						14	19		12	23	15	
		4	5		12	15			24	19				14	7			25	20	1	6			
		14	17				7	22	1	3					24	13	18	23			10	4		
10		17	8	16		1			2	25		12		11	19				3	7	23	20		13
	24			18	20		4			6	22		17	21			11		5	15		10		
		23			9		13	16							25	24			8	4				
2		5				7	22	18				3			17	10	12					25		11
	4			3								18								22			6	

DIFFICULTY ❀❀❀❀❀

EXTREME 8

	17		2				7	1	18	4		15			23	13	22				3		9	
1		22			2	4		24		8				25		18		9	11			14		13
	7	25	9		11					3	1	12	24						10	20	18		6	
20	11			6			16			14			22				1			15			17	7
		18	15			23						21		16			8					5	12	
	6	11	24		15			16				9				17		14		22	7	2		
	23			12		3	24	18		15	13	5			16	7	1			8			14	
15		7				25	8					17				20	21				19			6
22	3	17			14	7		5			25		8		6		12	24			9	20	21	
9									20	7	10	24	16		11									1
	14	7	13											24	19			17	15	23	22	5		
10			16					21	3	7	12	2			22	19							18	15
	23	19			17	2	4				6		14			5	18	3			21	25		
8			4					25	13	24	20	3			1	21				16				11
	12	5	11						10	14											4	8	3	
23									16	17	9		7	1	21									20
2	9	12			24	1		15		16		6				5		14	19			17	4	18
25			3		20	21						14				23	22				1			5
	15		11		12	2	3			22	25	4			9	17	20			6			10	
	20	24	17		10			22				11			2				18	8	15	21		
		6	23			15				12		17						25		20	11			
7	13			25	16		17			9		11					3		23	14		1		22
	4		12	3	22			11		2	19	23	13		1				15	10	7		25	
	15	9			7	10		19		16			4		14		13	6		12	3			
14	2			22			13	20	25	5			21		10	7	16				9		15	19

DIFFICULTY ❀❀❀❀❀❀

49x49

SUPER

EXTREME

SUPER EXTREME

16x16
ANSWERS

BEGINNER 1

BEGINNER 2

BEGINNER 3

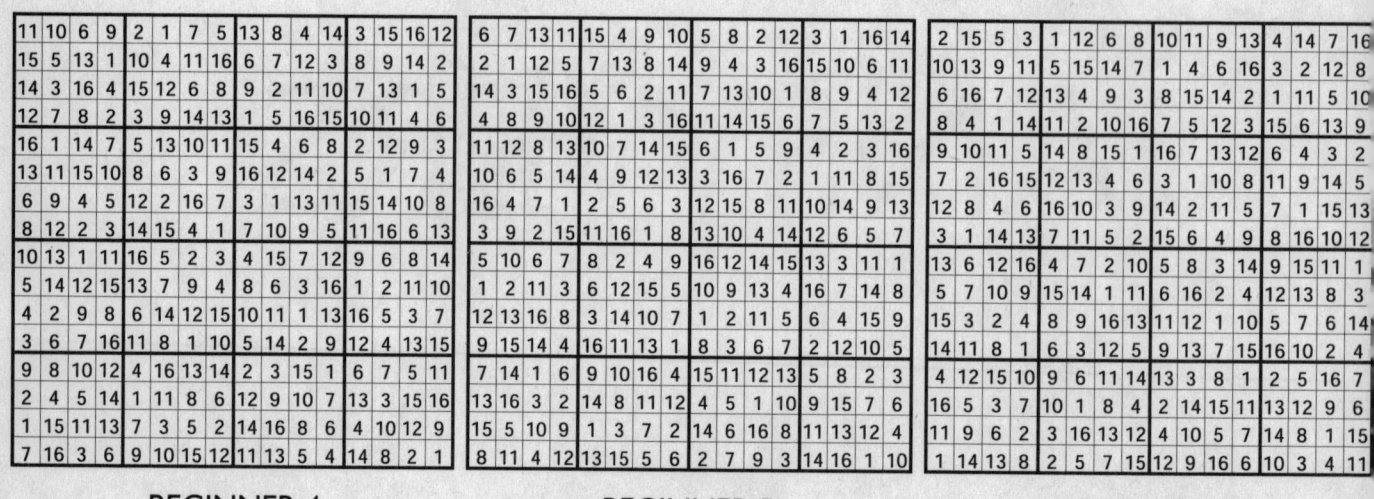

BEGINNER 4

BEGINNER 5

BEGINNER 6

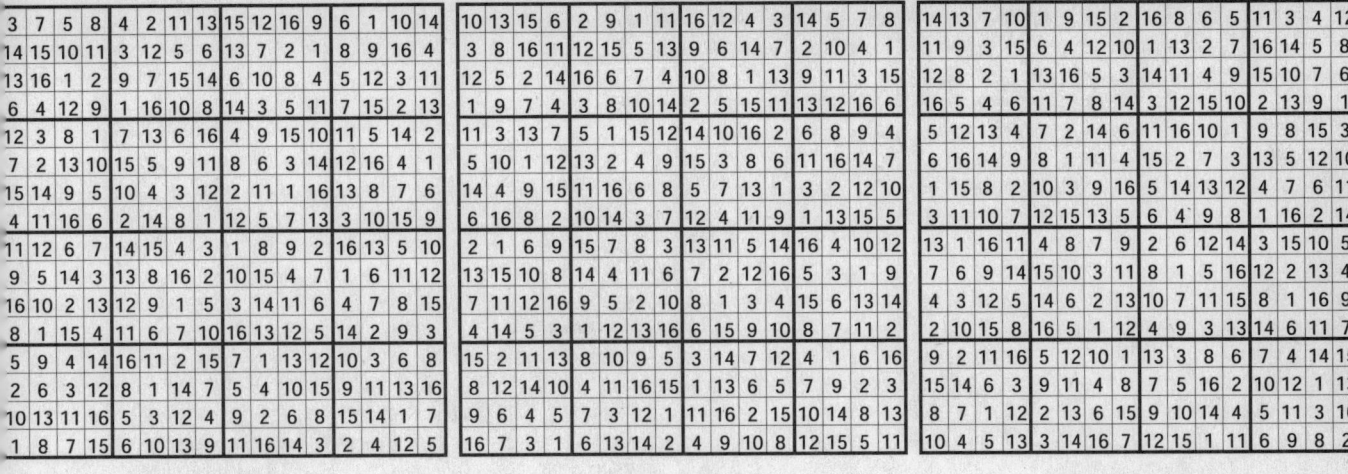

BEGINNER 7

BEGINNER 8

BEGINNER 9

BEGINNER 10

BEGINNER 11

BEGINNER 12

Super Sudoku 225

BEGINNER 13

```
13 16 12 14 |  8  7 15  4 |  9  1  3  2 |  5 10  6 11
11  7  6  4 | 13 14  5  9 | 15 12  8 10 |  1  3 16  2
 9  8  2 10 |  1  6  3 16 | 13 14  5 11 | 12  4 15  7
 3 15  5  1 | 10  2 12 11 |  7  6  4 16 | 14  8  9 13
 1  4 10 11 | 16 12  9 14 |  3  5  2 13 | 15  7  8  6
15  3  9  7 |  2  8  4 10 | 11 16  6  1 | 13  5 14 12
 8  6 14  5 | 11 13  1  3 |  4  7 12 15 |  9 16  2 10
16  2 13 12 |  5 15  6  7 | 10  8  9 14 |  3 11  4  1
10 13 16 15 |  7  3 11 12 |  6  4 14  5 |  8  2  1  9
14 11  7  9 |  6  4  8  2 |  1 13 15  3 | 10 12  5 16
 4  1  3  6 |  9  5 16 13 |  8  2 10 12 | 11 14  7 15
12  5  8  2 | 15 10 14  1 | 16  9 11  7 |  4  6 13  3
 5 10 15  8 | 14 11  7  6 |  2  3  1  9 | 16 13 12  4
 7 12 11 16 |  4  1 10  5 | 14 15 13  6 |  2  9  3  8
 2  9  1  3 | 12 16 13  8 |  5 10  7  4 |  6 15 11 14
 6 14  4 13 |  3  9  2 15 | 12 11 16  8 |  7  1 10  5
```

BEGINNER 13

BEGINNER 14

```
 1  7  6  2 |  8  5 16  3 | 11  4 13  9 | 10 15 14 12
11  9  8 14 | 10  2  7  6 | 12 16  1 15 | 13  4  3  5
 4 16 15 10 | 13 12 11  9 |  6  5 14  3 |  7  1  2  8
 5  3 13 12 | 14  1  4 15 |  2  7  8 10 |  6 11  9 16
12 14  5 15 |  1  9 10  2 |  4  6  7  8 | 11 16 13  3
16  2 11  9 |  6 13  8 12 |  3  1 10  5 | 14  7 15  4
 7  1 10  8 |  3 16 15  4 | 13 14  2 11 |  9  5 12  6
13  4  3  6 | 11 14  5  7 | 15 12  9 16 |  8 10  1  2
15 10  1  7 | 12  3  6 11 | 14  9  5  2 | 16  8  4 13
 3  5  2 16 |  4  7 14 13 | 10  8 15  6 |  1 12 11  9
14  6  4 11 | 16  8  9  1 |  7 13  3 12 | 15  2  5 10
 9  8 12 13 | 15 10  2  5 |  1 11 16  4 |  3  6  7 14
 6 15  7  3 |  9  4  1 16 |  8  2 12 14 |  5 13 10 11
 2 12 16  1 |  5  6 13 14 |  9 10 11  7 |  4  3  8 15
10 11  9  4 |  7 15 12  8 |  5  3  6 13 |  2 14 16  1
 8 13 14  5 |  2 11  3 10 | 16 15  4  1 | 12  9  6  7
```

BEGINNER 14

BEGINNER 15

```
14  7  5 13 | 10  9 15  1 |  4  2  8 16 | 12  3 11  6
 4  8 12 11 |  3  2  7  6 | 13  9  1 15 |  5 10 14 16
 6  1  9 10 | 12  4 16 13 |  3  5 11 14 |  8  7 15  2
 3 15  2 16 | 14  5 11  8 | 12  6  7 10 |  1  9  4 13
 7  6 13 15 |  9 12  3 10 |  8  1 16  2 | 11  4  5 14
11 12 16  8 | 13  6  2 15 | 14  4  5  7 |  3  1 10  9
10  4  1  2 |  8 16  5 14 | 11  3 13  9 |  6 15  7 12
 5  3 14  9 |  7  1 11  4 | 15 10 12  6 |  2 16 13  8
 8  5 15  6 | 16 10  9  3 |  1 12 14 13 |  7 11  2  4
 1 13  7 14 |  2 15  6  5 |  9  8  4 11 | 16 12  3 10
 2  9 11  4 |  1 13 12 16 |  7 10  3 14 |  5  6  8 15
12 16 10  3 | 11 14  4  7 |  2 15  6  5 | 13  8  9  1
16 11  6 12 | 15  7  8  2 | 10 13  3  4 |  9 14  1  5
 9 14  4  5 |  6 13 12 16 |  7 11 15  1 | 10  2  8  3
13 10  3  7 |  4 11 14  9 |  5 16  2  8 | 15  6 12  1
15  2  8  1 |  5  3 10 11 |  6 14  9 12 |  4 13 16  7
```

BEGINNER 15

BEGINNER 16

```
 2 16 12  8 |  4  6  5  7 |  1  3  9 11 | 10 14 13 15
 9  5  1 15 | 11  3  2 13 | 16 12 14 10 |  8  6  7  4
11  4 14  6 |  1 15 12 10 |  2  8 13  7 | 16  5  3  9
13  3  7 10 | 14  8  9 16 |  5 15  6  4 |  2 12  1 11
 8  7 15 12 |  5  9 16  3 | 10  2  1 13 |  4 11  6 14
14  2  9  3 |  8 12  4  6 |  7 11 16 15 | 13  1  5 10
 6 11 16  5 | 13 10 15  1 | 14  4  3  9 | 12  7  8  2
10  1  4 13 |  7 11 14  2 |  8  6 12  5 | 15 16  9  3
12  8  5  7 |  3  2 13 15 |  9  1  4 16 | 14 10 11  6
 1 15 11 16 | 10  4  8 14 |  3 13  5  6 |  9  2 12  7
 3  6 13  9 |  7 11 12 15 | 14 10  2  5 |  8  4  1 16
 4 10  2 14 |  9  1  6  5 | 12  7 13  8 |  3 15 16 11
 5 13  3  1 |  2 16  7  4 | 11 10 15 12 |  6  9 14  8
 7 12  8 11 | 15 13  3  9 |  6  5  2 14 |  1  4 10 16
16 14 10  2 |  6  5  1 11 |  4  9  8  3 |  7 13 15 12
15  9  6  4 | 12 14 10  8 | 13 16  7  1 | 11  3  2  5
```

BEGINNER 16

BEGINNER 17

```
13 12 10  6 | 15  8 16  5 |  1  3  7 14 | 11  9  2  4
14 11  4 15 | 12 13  2  7 |  6 10  5  9 |  8 16  1  3
 2  3  1 16 | 14  9 10  6 |  8 11 12  4 | 13  5  7 15
 5  9  7  8 |  4  1  3 11 | 13 16 15  2 | 10 12  6 14
16  1  2 11 |  9 12 15  4 | 14  8  3 13 |  7 10  5  6
 4  7  6  3 | 10 14  5  1 |  2  9 11 15 | 16 13  8 12
12 13  8  5 |  3 11  7  2 |  4  6 10 16 | 14 15  9  1
15 14  9 10 |  6  8 13  7 |  5  1 12  4 |  3 11  2 16
 3 15  5  1 |  8  7 12 16 |  9  4  6 10 |  2 11 14 13
 9  8 13 12 |  5 15  4 14 |  3  2 16 11 |  1  6 10  7
 6  2 11  7 | 13 10  1  9 | 15 14  8  5 |  3  4 12 16
10  4 16 14 | 11  2  6  3 | 12  7 13  1 |  9  8 15  5
 7  6  3  2 | 16  4 11 15 |  5  1  9  8 | 12 14 13 10
 8 16 14 13 |  1  5  9 12 | 10 15  2  3 |  6  7  4 11
 1 10 15  4 |  7  3  8 11 | 12 14  6  5 |  2 16  9 13
11  5 12  9 |  2  6 14 10 | 16 13  4  7 | 15  1  3  8
```

BEGINNER 17

BEGINNER 18

```
15  9 16  6 |  7 11  1 14 | 12  4 13 10 |  5  8  2  3
11  8  3  4 | 12 13 16  2 |  7  5  1 14 |  6 15 10  9
12  7  5  2 | 10  4  8  9 |  3 16 15  6 |  1 13 11 14
10  1 13 14 |  6 15  3  5 | 11  9  8  2 | 12  4  7 16
13 15  6  9 |  3  2  4 11 | 14  1  7  5 |  8 16 12 10
 8 10  2  5 | 16 12 13  7 |  4 11  6  3 | 14  9 15  1
 7 12  1  3 | 14 10  5  8 | 13 15  9 16 |  4 11  6  2
16  4 14 11 |  1  6  9 15 | 10 12  2  8 |  7  3 13  5
 6 11 15  1 |  5  3 12 16 |  9 14  4 13 |  2 10  8  7
 3 13 10  7 | 15  1 11  4 |  2  8  5 12 | 16 14  9  6
 5 14  9 12 |  8  7  2 10 | 16  6  3 15 | 13  1  4 11
 2 16  4  8 | 13  9 14  6 |  1 10 11  7 | 15  5  3 12
 9  5  8 16 |  2 14 15 13 |  6  7 10 11 |  3 12  1  4
14  6 11 13 |  4  5  7  1 | 15  3 12  9 | 10  2 16  8
 4  2 12 10 | 11 16  6  3 |  8 13 14  1 |  9  7  5 15
 1  3  7 15 |  9  8 10 12 |  5  2 16  4 | 11  6 14 13
```

BEGINNER 18

BEGINNER 19

4	1	13	3	14	6	5	16	11	9	10	8	2	7	15	12
16	8	2	10	15	13	12	1	4	14	3	7	11	6	5	9
15	12	7	9	10	3	8	11	2	1	6	5	13	4	14	16
6	14	11	5	9	4	2	7	12	15	16	13	1	3	8	10
12	3	6	13	4	11	16	15	9	8	7	14	5	1	10	2
9	15	8	16	5	10	6	14	13	2	11	1	4	12	7	3
5	7	4	2	12	1	3	8	16	10	15	6	9	13	11	14
10	11	14	1	13	7	9	2	3	5	12	4	6	15	16	8
14	9	1	11	3	8	7	10	15	16	4	2	12	5	6	13
8	6	16	12	1	5	15	4	7	13	14	9	3	10	2	11
3	10	5	4	6	2	14	13	8	11	1	12	7	16	9	15
13	2	15	7	16	12	11	9	10	6	5	3	8	14	1	4
2	5	12	14	8	16	13	6	1	3	9	10	15	11	4	7
1	16	9	8	11	14	4	3	6	7	13	15	10	2	12	5
11	13	10	15	7	9	1	12	5	4	2	16	14	8	3	6
7	4	3	6	2	15	10	5	14	12	8	11	16	9	13	1

BEGINNER 19

BEGINNER 20

7	6	14	1	10	5	8	16	4	12	13	11	9	3	15	2
15	11	4	16	12	14	9	6	8	5	2	3	7	13	10	1
2	9	12	13	3	15	4	7	10	6	16	1	5	14	11	8
5	8	3	10	11	1	2	13	7	9	14	15	4	6	16	12
11	14	1	3	16	6	5	8	12	10	7	9	15	2	4	13
16	12	2	8	1	9	10	11	15	4	6	13	14	5	7	3
6	10	7	4	15	13	14	12	2	3	5	16	1	8	9	11
9	15	13	5	4	3	7	2	11	8	1	14	6	16	12	10
10	2	16	15	6	8	1	3	5	14	9	4	11	12	13	7
13	4	8	11	5	7	12	15	1	16	3	10	2	9	6	14
12	3	5	14	9	10	13	4	6	2	11	7	8	15	1	16
1	7	6	9	2	11	16	14	13	15	8	12	3	10	5	4
14	5	10	6	7	4	15	1	3	13	12	2	16	11	8	9
4	16	11	2	14	12	6	5	9	1	10	8	13	7	3	15
3	13	15	12	8	2	11	9	16	7	4	5	10	1	14	6
8	1	9	7	13	16	3	10	14	11	15	6	12	4	2	5

BEGINNER 20

BEGINNER 21

2	13	14	3	1	16	8	15	11	5	7	4	9	6	10	12
12	7	10	11	14	6	2	13	1	3	8	9	5	15	16	4
16	5	4	6	7	12	3	9	2	10	13	15	1	11	8	14
8	9	1	15	10	4	5	11	16	14	6	12	7	2	3	13
7	2	8	14	9	10	6	5	12	4	11	3	13	1	15	16
13	3	16	1	8	15	11	14	7	6	2	10	12	9	4	5
5	12	9	10	13	7	4	2	15	8	16	1	11	14	6	3
15	11	6	4	16	3	12	1	9	13	5	14	10	7	2	8
4	16	5	8	12	9	14	7	10	1	3	6	15	13	11	2
9	15	3	7	11	2	10	8	13	16	14	5	6	4	12	1
6	14	2	13	3	1	15	16	4	9	12	11	8	5	7	10
10	1	11	12	6	5	13	4	8	2	15	7	16	3	14	9
14	4	13	9	15	8	7	3	5	11	10	16	2	12	1	6
1	10	15	5	2	11	9	6	14	12	4	8	3	16	13	7
3	8	7	16	4	13	1	12	6	15	9	2	14	10	5	11
11	6	12	2	5	14	16	10	3	7	1	13	4	8	9	15

BEGINNER 21

BEGINNER 22

15	9	12	14	16	7	6	5	11	4	8	10	13	3	1	2
3	8	10	1	14	15	11	4	9	16	2	13	7	12	5	6
16	7	5	2	3	13	1	9	14	15	12	6	10	4	11	8
13	4	6	11	8	10	2	12	3	7	1	5	9	14	16	15
2	3	13	7	6	4	14	16	1	11	5	9	8	15	12	10
5	12	11	16	2	8	10	7	4	13	15	14	3	1	6	9
14	15	8	9	1	5	12	3	2	6	10	16	11	13	4	7
6	1	4	10	11	9	13	15	12	8	3	7	14	16	2	5
1	2	9	13	7	14	15	6	5	3	11	12	4	8	10	16
7	6	3	8	12	2	9	11	13	10	16	4	1	5	15	14
12	11	16	5	13	1	4	10	15	14	9	8	2	6	7	3
4	10	14	15	5	16	3	8	6	2	7	1	12	11	9	13
9	16	7	12	10	6	5	14	8	1	13	11	15	2	3	4
8	13	1	3	4	11	7	2	10	5	6	15	16	9	14	12
10	14	2	6	15	12	8	1	16	9	4	3	5	7	13	11
11	5	15	4	9	3	16	13	7	12	14	2	6	10	8	1

BEGINNER 22

BEGINNER 23

11	16	5	10	7	9	1	6	4	2	14	3	12	13	15	8
9	6	4	1	11	10	15	16	5	13	12	8	2	14	3	7
14	3	15	7	13	8	12	2	1	10	11	16	4	6	9	5
12	2	8	13	14	5	4	3	9	7	15	6	1	10	16	11
6	8	9	4	10	16	3	12	2	5	7	15	14	11	13	1
2	1	13	16	4	15	11	8	6	14	3	12	9	5	7	10
7	14	11	15	5	2	6	13	10	9	1	4	16	3	8	12
10	12	3	5	9	7	14	1	11	16	8	13	6	4	2	15
1	15	6	14	8	4	10	7	12	11	13	9	3	2	5	16
8	7	16	3	12	13	9	11	14	6	5	2	15	1	10	4
13	9	10	2	6	1	16	5	15	3	4	7	11	8	12	14
4	5	12	11	3	14	2	15	16	8	10	1	13	7	6	9
15	11	7	6	16	12	8	14	3	1	2	5	10	9	4	13
3	4	1	8	15	6	13	10	7	12	9	11	5	16	14	2
5	10	2	9	1	3	7	4	13	15	16	14	8	12	11	6
16	13	14	12	2	11	5	9	8	4	6	10	7	15	1	3

BEGINNER 23

BEGINNER 24

1	8	5	3	2	4	14	9	16	13	12	15	11	6	7	10
10	2	4	16	1	13	5	8	7	9	6	11	14	3	15	12
13	14	12	11	15	6	16	7	2	10	3	4	8	5	1	9
7	6	15	9	11	3	12	10	1	8	5	14	4	16	2	13
12	11	2	14	9	5	13	3	4	16	10	8	15	1	6	7
16	13	10	6	7	11	8	4	15	2	14	1	9	12	3	5
9	15	1	4	16	2	6	12	3	5	13	7	10	14	11	8
8	3	7	5	14	10	15	1	9	12	11	6	2	13	4	16
15	10	6	1	5	8	7	11	14	3	9	16	12	4	13	2
5	16	11	13	3	15	2	14	6	4	8	12	7	9	10	1
2	4	8	12	9	1	6	5	7	13	16	10	11	14	3	15
3	9	14	7	13	12	4	16	11	1	2	10	6	8	5	15
14	5	9	8	6	16	10	2	13	11	15	3	1	7	12	4
11	7	16	10	12	1	3	13	8	14	4	2	5	15	9	6
4	12	13	15	7	11	5	10	6	1	9	3	2	16	14	8
6	1	3	2	4	14	9	15	12	7	16	5	13	10	8	11

BEGINNER 24

Super Sudoku 227

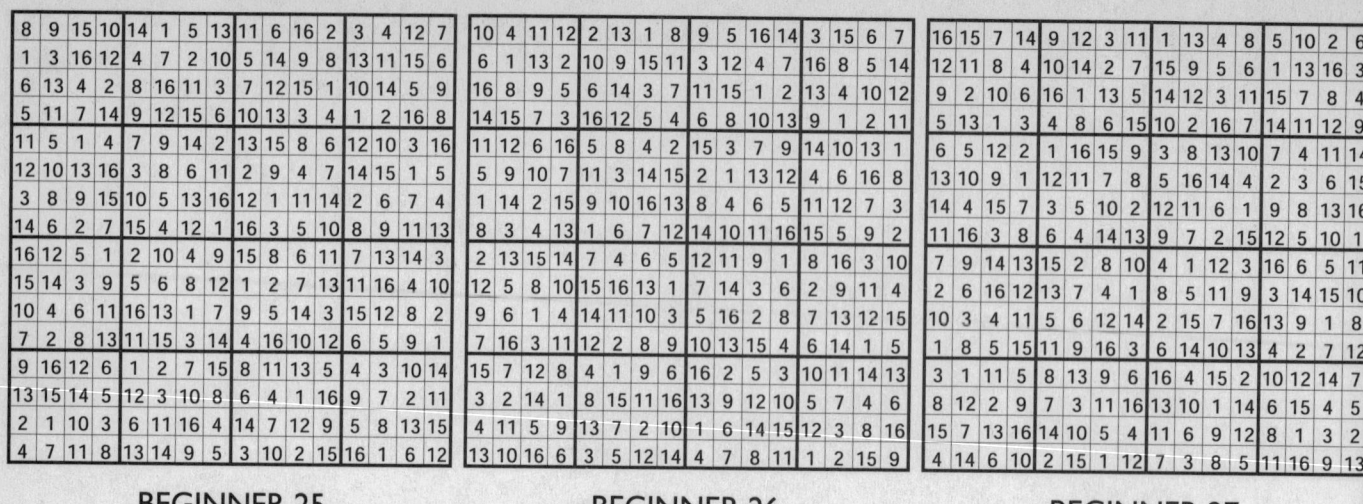

BEGINNER 25

BEGINNER 26

BEGINNER 27

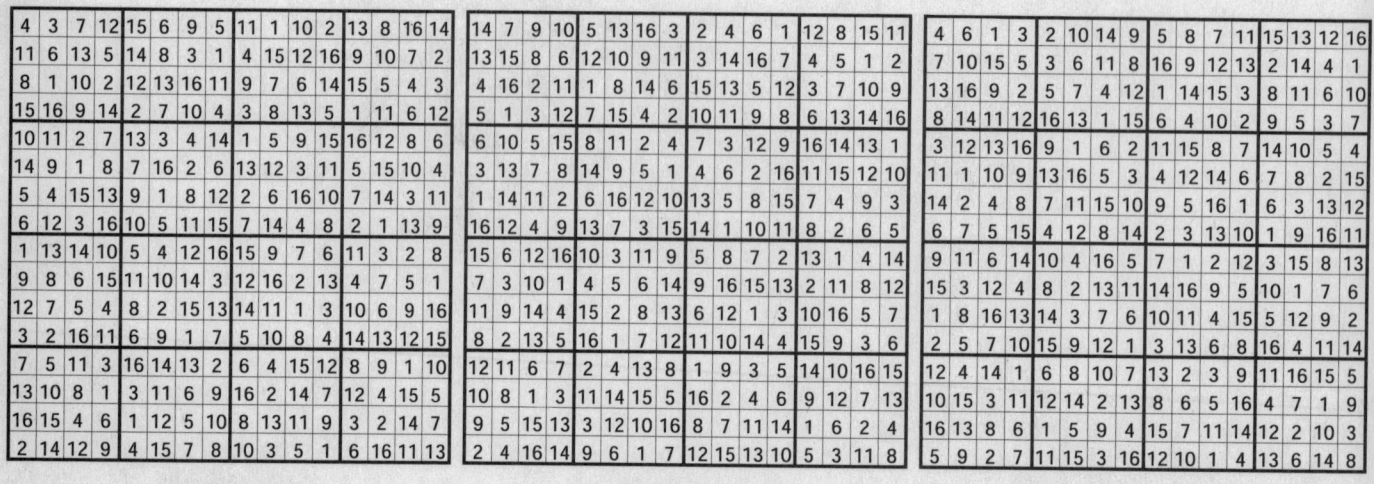

BEGINNER 28

BEGINNER 29

BEGINNER 30

BEGINNER 31

8	16	9	4	2	6	7	11	12	10	3	14	15	1	13	5
2	1	15	11	14	16	13	8	7	9	4	5	12	6	3	10
7	13	3	14	12	10	1	5	11	6	15	2	9	16	4	8
5	6	10	12	9	3	15	4	1	16	8	13	14	2	11	7
14	2	4	13	15	9	5	3	16	11	10	6	1	8	7	12
6	10	16	3	8	12	4	14	2	13	7	1	11	5	9	15
15	9	1	5	7	11	6	16	4	12	14	8	10	13	2	3
11	8	12	7	13	2	10	1	3	15	5	9	4	14	6	16
9	12	2	15	3	4	8	7	6	14	1	16	13	10	5	11
13	3	7	1	16	15	9	10	5	2	11	4	8	12	14	6
16	4	5	8	11	13	14	6	9	7	12	10	3	15	1	2
10	14	11	6	5	1	2	12	8	3	13	15	7	4	16	9
3	15	6	16	4	8	11	13	10	1	2	7	5	9	12	14
1	7	8	2	10	14	3	9	13	5	16	12	6	11	15	4
12	11	13	10	6	5	16	15	14	4	9	3	2	7	8	1
4	5	14	9	1	7	12	2	15	8	6	11	16	3	10	13

BEGINNER 32

9	8	6	3	13	14	15	4	7	11	16	12	10	2	5	1
7	12	4	14	11	5	9	6	8	2	1	10	13	3	16	15
1	5	13	2	16	3	12	10	4	15	14	6	8	9	7	11
16	15	10	11	1	8	2	7	3	9	13	5	12	6	4	14
14	9	11	5	7	10	1	8	2	6	3	4	15	16	12	13
6	10	1	4	5	12	16	3	13	7	8	15	11	14	2	9
15	13	3	12	4	9	11	2	16	14	10	1	5	7	6	8
2	7	16	8	14	15	6	13	11	5	12	9	4	1	10	3
3	16	12	9	10	1	4	11	5	13	2	14	7	8	15	6
4	6	15	1	12	7	5	14	10	16	11	8	3	13	9	2
5	14	7	10	2	13	8	9	6	1	15	3	16	12	11	4
11	2	8	13	6	16	3	15	12	4	9	7	1	10	14	5
12	4	5	7	3	11	14	16	1	8	6	2	9	15	13	10
8	11	14	6	15	4	10	12	9	3	7	13	2	5	1	16
13	1	9	15	8	2	7	5	14	10	4	16	6	11	3	12
10	3	2	16	9	6	13	1	15	12	5	11	14	4	8	7

BEGINNER 33

11	9	1	12	13	16	8	3	2	14	15	7	5	10	4	6
6	13	14	16	12	10	7	1	3	9	5	4	8	11	2	15
7	2	5	3	15	14	11	4	10	8	1	6	13	9	12	16
10	15	4	8	6	2	5	9	12	16	11	13	7	14	3	1
9	5	15	4	7	11	16	6	1	2	13	8	3	12	10	14
12	11	10	14	1	3	4	2	15	7	16	5	9	6	13	8
13	1	16	6	5	8	12	10	14	3	9	11	4	15	7	2
2	8	3	7	9	13	14	15	4	6	12	10	11	16	1	5
14	12	7	15	16	5	10	11	13	1	4	2	6	8	9	3
8	10	9	1	2	4	6	7	16	5	3	12	15	13	14	11
4	3	11	5	14	15	1	13	8	10	6	9	2	7	16	12
16	6	13	2	8	9	3	12	11	15	7	14	1	4	5	10
15	16	6	9	4	7	2	14	5	11	10	3	12	1	8	13
5	14	8	13	11	12	9	16	6	4	2	1	10	3	15	7
1	7	2	10	3	6	13	8	9	12	14	15	16	5	11	4
3	4	12	11	10	1	15	5	7	13	8	16	14	2	6	9

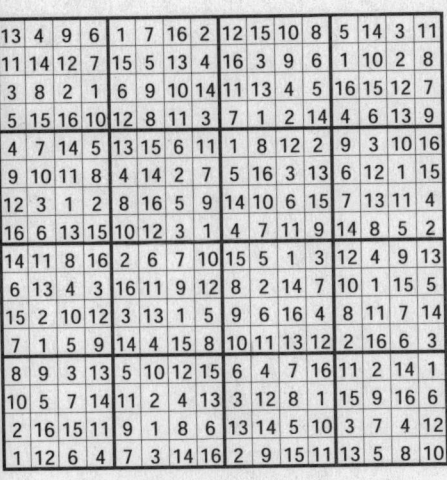

BEGINNER 34

13	4	9	6	1	7	16	2	12	15	10	8	5	14	3	11
11	14	12	7	15	5	13	4	16	3	9	6	1	10	2	8
3	8	2	1	6	9	10	14	11	13	4	5	16	15	12	7
5	15	16	10	12	8	11	3	7	1	2	14	4	6	13	9
4	7	14	5	13	15	6	11	1	8	12	2	9	3	10	16
9	10	11	8	4	14	2	7	5	16	3	13	6	12	1	15
12	3	1	2	8	16	5	9	14	10	6	15	7	13	11	4
16	6	13	15	10	12	3	1	4	7	11	9	14	8	5	2
14	11	8	16	2	6	7	10	15	5	1	3	12	4	9	13
6	13	4	3	16	11	9	12	8	2	14	7	10	1	15	5
15	2	10	12	3	13	1	5	9	6	16	4	8	11	7	14
7	1	5	9	14	4	15	8	10	11	13	12	2	16	6	3
8	9	3	13	5	10	12	15	6	4	7	16	11	2	14	1
10	5	7	14	11	2	4	13	3	12	8	1	15	9	16	6
2	16	15	11	9	1	8	6	13	14	5	10	3	7	4	12
1	12	6	4	7	3	14	16	2	9	15	11	13	5	8	10

BEGINNER 35

1	5	12	2	11	6	15	13	7	10	8	14	16	3	9	4
13	11	15	14	10	1	7	5	4	16	9	3	6	2	8	12
7	10	3	6	16	9	4	8	1	2	5	12	14	15	11	13
16	8	4	9	12	2	14	3	11	6	15	13	5	10	7	1
5	3	1	13	14	7	8	15	6	12	10	9	2	11	4	16
4	7	9	11	13	5	10	6	14	8	16	2	1	12	3	15
12	14	2	8	4	3	16	1	13	5	11	15	7	9	6	10
15	6	10	16	9	12	11	2	3	7	1	4	13	8	14	5
9	12	5	1	2	8	13	4	15	11	6	16	3	14	10	7
10	4	6	15	1	14	12	9	5	3	2	7	11	16	13	8
14	16	8	3	15	11	6	7	9	4	13	10	12	5	1	2
11	2	13	7	3	10	5	16	12	1	14	8	9	4	15	6
2	15	7	4	6	16	1	12	10	14	3	11	8	13	5	9
6	1	11	10	8	15	9	14	16	13	12	5	4	7	2	3
8	9	16	5	7	13	3	11	2	15	4	1	10	6	12	14
3	13	14	12	5	4	2	10	8	9	7	6	15	1	16	11

BEGINNER 36

7	10	11	1	4	6	3	15	2	8	9	16	14	13	12	5
6	8	14	13	10	11	12	9	1	5	15	3	4	2	7	16
9	12	16	4	5	8	2	14	7	10	11	13	15	3	1	6
3	5	2	15	1	16	7	13	14	6	12	4	9	8	11	10
5	14	10	9	12	15	11	3	6	13	2	7	1	16	8	4
12	7	15	6	8	1	16	10	4	9	3	5	2	11	14	13
13	3	4	11	9	14	5	2	16	15	1	8	12	6	10	7
8	16	1	2	13	7	4	6	10	12	14	11	5	15	9	3
2	4	13	3	7	9	10	8	15	11	5	1	6	12	16	14
16	6	7	10	15	2	1	12	3	4	8	14	11	5	13	9
15	9	8	5	16	4	14	11	13	7	6	12	3	10	2	1
11	1	12	14	6	3	13	5	9	2	16	10	8	7	4	15
1	11	5	16	2	10	6	4	8	3	13	9	7	14	15	12
10	13	3	8	11	5	9	7	12	14	4	15	16	1	6	2
14	2	9	12	3	13	15	16	11	1	7	6	10	4	5	8
4	15	6	7	14	12	8	1	5	16	10	2	13	9	3	11

Super Sudoku 229

12	3	9	4	7	11	10	15	2	14	6	1	16	13	5	8
1	16	6	11	13	14	12	5	15	3	7	8	2	10	9	4
2	8	10	14	9	3	4	6	16	12	13	5	15	1	11	7
7	13	15	5	8	2	16	1	9	4	10	11	12	6	14	3
8	5	4	13	1	16	2	9	11	7	14	12	3	15	6	10
10	12	16	1	4	8	3	7	5	6	15	9	14	11	13	2
9	15	14	2	11	6	5	12	8	10	3	13	4	7	16	1
3	6	11	7	10	15	13	14	4	1	2	16	9	12	8	5
4	9	8	6	2	10	15	3	13	5	16	7	11	14	1	12
5	10	13	15	14	12	11	8	1	2	9	4	6	3	7	16
11	2	7	16	5	1	6	4	3	15	12	14	8	9	10	13
14	1	12	3	16	9	7	13	6	8	11	10	5	2	4	15
6	11	1	12	3	4	8	10	7	9	5	15	13	16	2	14
15	7	5	9	12	13	1	2	14	16	8	6	10	4	3	11
13	14	2	8	15	7	9	16	10	11	4	3	1	5	12	6
16	4	3	10	6	5	14	11	12	13	1	2	7	8	15	9

BEGINNER 37

14	13	12	16	8	10	6	3	7	2	1	15	5	9	4	11
8	15	5	4	14	1	12	13	9	6	10	11	7	16	2	3
2	10	11	9	16	7	4	5	3	14	13	12	6	8	1	15
6	1	7	3	15	9	11	2	4	5	8	16	14	13	12	10
9	11	16	7	6	4	3	1	2	10	12	14	15	5	8	13
15	2	14	10	13	11	9	12	5	8	16	3	1	4	6	7
3	6	8	12	10	15	5	7	1	9	4	13	11	2	16	14
5	4	1	13	2	8	14	16	15	11	7	6	9	3	10	12
12	3	9	15	7	6	8	4	13	16	11	2	10	1	14	5
4	14	6	8	1	13	2	11	10	7	3	5	12	15	9	16
16	5	13	11	3	12	10	14	8	1	15	9	4	6	7	2
10	7	2	1	5	16	15	9	6	12	14	4	13	11	3	8
1	16	15	6	11	5	7	8	12	3	9	10	2	14	13	4
11	9	10	5	12	14	13	6	16	4	2	8	3	7	15	1
13	8	4	2	9	3	1	10	14	15	5	7	16	12	11	6
7	12	3	14	4	2	16	15	11	13	6	1	8	10	5	9

BEGINNER 38

7	6	16	14	15	13	12	10	8	4	2	3	9	5	1	11
9	4	11	8	3	1	7	6	16	5	10	15	2	14	12	13
12	10	15	2	11	5	14	16	9	1	13	6	8	3	7	4
1	5	3	13	4	2	9	8	12	11	7	14	15	16	10	6
15	11	5	7	14	3	1	13	6	2	16	12	10	8	4	9
16	1	13	3	8	12	6	4	15	7	9	10	11	2	5	14
10	14	8	6	9	11	15	2	1	3	5	4	12	7	13	16
4	12	2	9	10	7	16	5	11	13	14	8	3	15	6	1
14	16	10	5	12	9	13	1	4	15	3	2	7	6	11	8
2	9	6	4	5	16	8	14	7	10	12	11	1	13	3	15
8	15	1	11	2	10	3	7	14	9	6	13	5	4	16	12
3	13	7	12	6	15	4	11	5	8	1	16	14	10	9	2
13	8	14	10	1	6	11	3	2	12	4	7	16	9	15	5
6	3	9	15	16	4	5	12	10	14	8	1	13	11	2	7
5	2	4	1	7	14	10	15	13	16	11	9	6	12	8	3
11	7	12	16	13	8	2	9	3	6	15	5	4	1	14	10

BEGINNER 39

2	3	13	5	8	4	12	11	10	6	16	7	1	9	15	14
9	8	4	15	14	5	6	13	2	11	3	1	7	10	16	12
10	11	1	16	9	2	3	7	14	15	5	12	4	13	8	6
6	7	12	14	16	1	15	10	4	13	8	9	11	2	3	5
13	12	14	3	2	15	8	1	5	9	4	6	16	7	10	11
15	5	9	11	7	13	16	12	8	14	10	3	2	6	4	1
1	6	10	7	4	14	11	5	15	2	12	16	3	8	9	13
16	2	8	4	6	9	10	3	11	7	1	13	12	14	5	15
5	10	6	8	11	3	7	14	12	1	13	15	9	4	2	16
14	4	7	1	13	8	9	6	3	16	2	5	15	12	11	10
3	9	16	2	10	12	5	15	7	4	11	14	6	1	13	8
12	15	11	13	1	16	2	4	9	10	6	8	5	3	14	7
7	1	5	6	15	10	4	8	16	3	14	2	13	11	12	9
11	14	15	10	3	7	1	16	13	12	9	4	8	5	6	2
8	13	3	9	12	6	14	2	1	5	15	11	10	16	7	4
4	16	2	12	5	11	13	9	6	8	7	10	14	15	1	3

BEGINNER 40

1	9	7	15	4	16	12	8	2	13	10	6	5	14	3	11
6	10	14	11	5	3	9	13	15	16	12	4	1	8	7	2
13	16	2	3	7	15	10	1	8	5	11	14	6	12	9	4
5	8	12	4	14	11	2	6	7	1	3	9	15	13	16	10
11	12	4	7	10	2	1	15	9	6	8	16	14	3	5	13
10	1	8	6	13	14	5	16	12	3	2	7	4	15	11	9
15	3	5	13	11	8	7	9	10	14	4	1	2	16	12	6
9	2	16	14	3	4	6	12	5	15	13	11	10	7	1	8
12	5	3	9	16	1	8	4	14	2	7	10	13	11	6	15
4	6	13	8	9	5	14	11	1	12	16	15	7	10	2	3
7	15	1	10	2	12	13	3	11	8	6	5	9	4	14	16
2	14	11	16	6	10	15	7	13	4	9	3	12	1	8	5
14	4	15	5	8	9	11	10	16	7	1	2	3	6	13	12
16	11	10	12	1	6	4	5	3	9	14	13	8	2	15	7
3	7	9	2	12	13	16	14	6	10	15	8	11	5	4	1
8	13	6	1	15	7	3	2	4	11	5	12	16	9	10	14

BEGINNER 41

3	6	5	10	11	2	13	14	8	9	1	7	15	12	16	4
1	13	15	14	16	10	6	4	2	5	11	12	8	7	9	3
7	4	12	2	5	8	9	3	16	10	6	15	14	1	13	11
9	8	11	16	1	15	12	7	14	3	13	4	5	10	6	2
11	9	14	7	10	5	15	8	1	6	3	2	4	13	12	16
15	12	2	5	13	4	3	6	7	16	10	14	11	9	1	8
6	1	16	4	14	11	2	12	9	15	8	13	10	3	5	7
13	3	10	8	7	9	16	1	5	4	12	11	2	15	14	6
8	15	13	11	3	12	10	9	4	7	14	16	1	6	2	5
14	16	6	1	2	7	4	15	10	13	5	8	12	11	3	9
2	5	4	9	6	14	11	16	12	1	15	3	7	8	10	13
12	10	7	3	8	13	1	5	11	2	9	6	16	4	15	14
16	2	1	13	12	3	5	11	15	8	7	9	6	14	4	10
5	7	3	15	9	1	8	2	6	14	4	10	13	16	11	12
4	14	9	12	15	6	7	10	13	11	16	5	3	2	8	1
10	11	8	6	4	16	14	13	3	12	2	1	9	5	7	15

BEGINNER 42

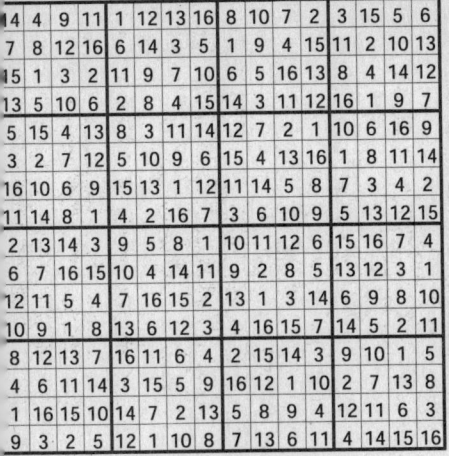

BEGINNER 43

BEGINNER 44

BEGINNER 45

BEGINNER 46

BEGINNER 47

BEGINNER 48

BEGINNER 49

5	8	11	9	16	4	15	7	2	10	13	12	3	14	1	6
7	1	2	10	8	9	6	12	14	4	5	3	13	15	11	16
13	16	15	3	14	11	10	5	8	1	6	9	4	2	7	12
14	12	6	4	1	3	13	2	16	7	15	11	8	9	5	10
3	4	9	2	6	16	8	11	5	12	10	15	7	1	13	14
10	13	1	11	12	14	7	3	4	2	8	6	16	5	15	9
15	7	16	12	5	10	2	13	9	3	14	1	6	11	4	8
6	5	8	14	9	15	4	1	13	16	11	7	2	12	10	3
2	10	5	13	3	7	1	6	11	14	9	4	12	16	8	15
9	6	4	16	2	8	12	10	3	15	7	5	1	13	14	11
1	15	12	8	11	13	14	9	10	6	16	2	5	4	3	7
11	14	3	7	4	5	16	15	1	8	12	13	10	6	9	2
16	3	7	15	10	1	5	4	12	11	2	14	9	8	6	13
4	9	14	6	13	2	11	8	7	5	3	16	15	10	12	1
8	11	13	5	15	12	3	16	6	9	1	10	14	7	2	4
12	2	10	1	7	6	9	14	15	13	4	8	11	3	16	5

BEGINNER 50

6	16	4	13	11	15	5	10	12	2	3	7	1	9	8	14
7	1	11	9	16	14	3	12	4	15	6	8	10	5	2	13
2	8	15	5	1	13	7	6	9	10	11	14	12	4	3	16
3	14	12	10	4	8	2	9	5	1	13	16	7	6	15	11
8	13	3	14	6	16	10	11	15	7	12	5	9	2	1	4
4	11	5	6	15	9	8	3	10	13	2	1	14	12	16	7
9	2	1	16	7	5	12	4	8	6	14	3	11	13	10	15
15	10	7	12	13	2	1	14	11	16	9	4	6	8	5	3
14	9	6	3	8	10	4	1	16	11	7	12	5	15	13	2
10	4	16	2	12	7	9	13	14	5	15	6	8	3	11	1
1	12	13	15	14	11	6	5	3	4	8	2	16	10	7	9
11	5	8	7	2	3	15	16	13	9	1	10	4	14	6	12
12	3	9	11	5	6	16	7	2	8	4	13	15	1	14	10
16	15	14	1	10	4	11	2	6	3	5	9	13	7	12	8
13	6	2	8	9	1	14	15	7	12	10	11	3	16	4	5
5	7	10	4	3	12	13	8	1	14	16	15	2	11	9	6

INTERMEDIATE 1

16	7	13	10	3	4	12	1	6	8	9	14	11	5	15	2
2	6	15	12	5	7	14	10	13	4	16	11	9	8	3	1
3	9	5	4	8	11	13	15	2	10	1	7	14	6	12	16
11	14	8	1	6	9	2	16	3	5	12	15	4	10	13	7
4	8	3	9	7	6	15	13	12	2	11	1	10	16	14	5
6	5	12	15	9	16	1	3	10	13	14	4	2	7	11	8
10	2	7	11	14	12	4	5	16	6	15	8	13	3	1	9
14	16	1	13	11	2	10	8	7	3	5	9	15	12	4	6
12	4	16	3	15	1	11	6	5	14	8	10	7	2	9	13
5	10	14	7	2	13	8	9	1	11	3	12	16	4	6	15
13	11	9	8	10	16	4	15	7	2	6	12	1	5	14	3
1	15	2	6	12	5	7	14	4	9	13	16	3	11	8	10
15	3	4	2	1	14	6	7	8	12	10	13	5	9	16	11
8	1	11	16	13	10	5	12	9	15	4	2	6	14	7	3
9	13	6	14	4	8	3	2	11	16	7	5	1	15	10	12
7	12	10	5	16	15	9	11	14	1	6	3	8	13	2	4

INTERMEDIATE 2

8	14	6	11	7	16	15	12	10	3	2	4	13	1	9	5
9	16	15	7	8	6	10	2	14	5	13	1	12	11	3	4
13	4	3	1	9	5	14	11	6	15	12	16	8	10	7	2
10	5	2	12	4	1	13	3	9	11	8	7	6	14	15	16
3	1	5	6	13	4	9	10	2	8	7	14	16	12	11	15
15	2	13	8	14	11	3	7	16	1	9	12	4	5	10	6
11	9	16	14	1	12	5	8	15	6	4	10	7	2	13	3
12	7	4	10	2	15	6	16	3	13	11	5	1	9	8	14
14	12	7	13	10	2	11	1	5	4	16	3	9	15	6	8
5	10	1	3	6	8	12	15	13	7	14	9	2	16	4	11
4	11	9	15	3	7	16	14	8	2	1	6	10	13	5	12
16	6	8	2	5	13	4	9	12	10	15	11	3	7	14	1
2	3	14	9	15	10	7	4	1	16	5	8	11	6	12	13
1	13	11	5	12	9	8	6	7	14	3	2	15	4	16	10
6	15	12	16	11	3	1	5	4	9	10	13	14	8	2	7
7	8	10	4	16	14	2	13	11	12	6	15	5	3	1	9

INTERMEDIATE 3

8	14	7	16	2	4	3	9	10	11	13	12	1	6	5	15
15	4	3	13	7	11	8	10	9	5	6	1	14	2	12	16
11	1	10	6	16	5	14	12	7	2	15	3	13	9	4	8
5	9	2	12	6	13	1	15	16	8	14	4	3	11	7	10
12	3	15	14	9	2	10	13	11	16	7	6	5	4	8	1
9	8	16	7	11	1	4	6	5	10	3	13	15	12	2	14
1	10	6	11	15	14	12	5	8	4	2	9	7	13	16	3
4	5	13	2	8	3	7	16	12	14	1	15	9	10	6	11
14	11	1	15	5	7	13	4	2	3	12	16	10	8	9	6
3	2	12	4	10	9	6	14	1	7	8	11	16	5	15	13
7	13	8	5	12	16	11	1	15	6	9	10	2	14	3	4
6	16	9	10	3	8	15	2	4	13	5	14	11	7	1	12
16	7	14	8	4	6	5	11	3	15	10	2	12	1	13	9
10	12	5	1	13	15	16	8	14	9	4	7	6	3	11	2
13	15	4	9	14	12	2	3	6	1	11	5	8	16	10	7
2	6	11	3	1	10	9	7	13	12	16	8	4	15	14	5

INTERMEDIATE 4

6	5	10	1	3	7	12	15	2	14	11	8	16	4	13	9
4	9	15	2	13	10	16	8	12	7	5	1	14	11	6	3
13	14	3	11	2	5	1	4	16	6	15	9	8	7	12	10
8	7	16	12	11	9	6	14	10	4	3	13	1	15	2	5
7	6	2	13	15	3	14	1	8	12	4	5	9	10	11	16
5	8	14	16	4	13	7	11	6	9	10	15	3	12	1	2
10	1	4	3	12	8	9	2	14	11	13	16	15	5	7	6
11	12	9	15	5	16	10	6	1	3	7	2	4	13	8	14
3	16	6	7	14	2	5	10	15	1	12	4	13	8	9	11
1	4	13	8	9	12	11	16	7	2	14	3	10	6	5	15
9	11	12	10	8	1	15	7	13	5	16	6	2	3	14	4
15	2	5	14	6	4	3	13	11	8	9	10	7	1	16	12
16	3	1	9	7	15	2	12	5	10	8	11	6	14	4	13
2	13	11	4	1	14	8	3	9	15	6	12	5	16	10	7
14	10	8	6	16	11	4	5	3	13	2	7	12	9	15	1
12	15	7	5	10	6	13	9	4	16	1	14	11	2	3	8

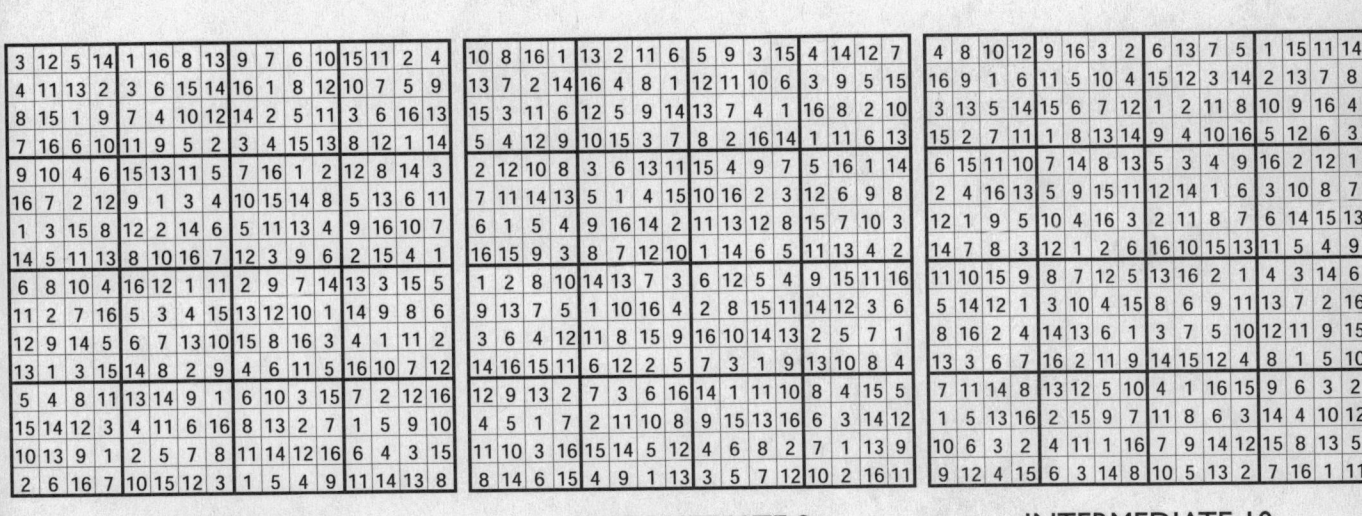

INTERMEDIATE 5   INTERMEDIATE 6   INTERMEDIATE 7

INTERMEDIATE 8   INTERMEDIATE 9   INTERMEDIATE 10

INTERMEDIATE 11

5	10	16	13	4	1	14	2	6	9	12	11	3	7	15	8
2	8	9	12	7	11	5	13	14	15	1	3	4	6	10	16
15	1	3	11	16	6	8	10	13	5	7	4	9	14	12	2
4	6	7	14	12	3	15	9	2	8	10	16	13	11	5	1
7	16	6	1	10	15	3	12	9	2	14	5	11	8	4	13
3	15	11	9	14	4	6	7	8	1	13	12	10	2	16	5
14	5	8	4	2	9	13	11	3	16	6	10	7	12	1	15
13	12	10	2	5	8	16	1	4	7	11	15	6	3	14	9
16	7	15	3	11	14	12	6	1	13	8	9	5	4	2	10
1	11	14	10	13	2	4	16	5	12	3	6	8	15	9	7
6	4	12	8	1	5	9	3	15	10	2	7	14	16	13	11
9	2	13	5	15	10	7	8	16	11	4	14	12	1	6	3
11	14	2	15	6	7	1	4	10	3	9	13	16	5	8	12
12	9	5	6	8	13	11	15	7	4	16	1	2	10	3	14
10	3	4	7	9	16	2	5	12	14	15	8	1	13	11	6
8	13	1	16	3	12	10	14	11	6	5	2	15	9	7	4

INTERMEDIATE 12

15	3	11	2	4	5	10	14	6	12	1	7	9	13	16	8
8	9	6	1	12	3	7	11	5	15	16	13	14	10	4	2
13	4	12	5	16	6	2	15	9	10	8	14	3	7	11	1
14	16	10	7	1	9	13	8	11	2	3	4	6	5	12	15
3	12	5	6	15	14	9	1	16	4	7	2	11	8	13	10
11	2	7	16	8	4	12	10	15	3	13	5	1	9	14	6
9	14	1	4	2	16	11	13	10	8	12	6	5	15	7	3
10	15	13	8	5	7	3	6	14	11	9	1	12	4	2	16
12	11	3	13	14	15	4	7	8	6	5	16	10	2	1	9
2	1	16	9	3	10	6	5	12	14	4	15	7	11	8	13
4	6	8	10	13	2	16	12	7	1	11	9	15	14	3	5
5	7	14	15	11	1	8	9	13	2	10	4	16	6	12	3
16	5	9	14	10	8	1	4	13	7	6	3	2	12	15	11
1	13	4	12	9	11	14	3	2	5	15	8	16	6	10	7
6	10	15	11	7	13	5	2	1	16	14	12	8	3	9	4
7	8	2	3	6	12	15	16	4	9	10	11	13	1	5	14

INTERMEDIATE 13

6	11	7	3	2	10	1	13	9	5	14	8	12	4	16	15
2	16	10	4	7	5	14	15	13	1	3	12	8	9	6	11
14	13	9	5	12	8	4	16	15	7	6	11	2	1	3	10
8	1	12	15	6	3	11	9	16	10	2	4	5	7	14	13
3	12	15	10	8	1	13	11	4	2	9	16	7	14	5	6
5	6	11	1	4	12	9	7	10	14	15	13	3	16	2	8
7	14	13	2	10	16	6	5	12	8	1	3	9	11	15	4
4	8	16	9	3	2	15	14	6	11	5	7	10	13	12	1
12	3	6	13	16	14	7	8	1	9	5	15	4	10	11	2
10	5	8	7	15	9	2	4	3	13	16	6	12	1	1	14
15	2	1	16	5	11	12	6	14	4	8	10	13	3	9	7
9	4	14	11	1	13	10	3	7	12	16	2	6	15	8	5
11	10	2	6	14	4	3	1	5	13	12	9	15	8	7	16
16	9	4	14	11	6	8	12	2	3	15	10	1	5	13	12
13	7	5	12	9	15	16	2	8	6	11	1	14	2	4	3
1	15	3	8	13	7	5	12	2	16	4	14	11	6	10	9

INTERMEDIATE 14

3	5	16	8	6	9	10	4	11	15	14	12	2	13	7	1
11	1	10	6	13	8	3	12	7	2	16	5	9	14	15	4
9	2	4	14	11	16	7	15	10	1	13	5	8	12	6	3
15	13	12	7	1	5	14	2	4	6	8	9	11	16	10	3
10	16	15	3	9	6	8	13	1	7	2	4	12	5	14	11
8	9	5	4	15	10	11	16	6	3	12	14	1	2	13	7
12	7	1	11	4	3	2	14	13	9	5	8	6	10	16	15
13	14	6	2	7	12	1	5	16	11	15	10	4	3	9	8
2	10	11	1	8	4	13	9	5	14	6	16	7	15	3	12
6	15	14	12	10	1	16	7	2	4	11	3	13	9	5	8
7	3	8	13	14	12	5	11	9	10	15	16	4	6	2	1
5	4	9	16	3	2	13	6	12	8	7	1	14	11	1	10
16	8	2	5	12	13	1	3	10	9	7	11	15	6	4	14
14	11	13	10	7	15	9	5	12	3	4	1	3	1	2	16
1	6	7	15	16	11	4	8	3	5	2	10	12	9	13	?
4	12	3	9	2	14	6	10	15	16	13	1	8	7	11	5

INTERMEDIATE 15

4	11	2	8	7	14	16	5	3	6	1	15	13	9	12	10
9	5	15	13	2	6	1	8	16	7	10	12	3	14	4	11
10	3	16	14	12	11	9	15	5	2	4	13	1	7	8	6
12	1	7	6	4	10	3	13	9	11	14	8	5	15	2	16
7	10	1	9	3	13	5	11	14	8	15	6	12	2	16	4
6	4	5	3	15	7	12	2	1	10	16	11	9	8	14	13
16	13	12	11	10	8	4	14	7	5	2	9	6	1	3	15
14	2	8	15	9	1	6	16	12	4	13	3	10	11	7	5
8	16	11	7	14	12	13	10	1	6	5	2	4	15	9	3
1	14	4	10	5	15	8	6	13	9	3	7	16	11	12	2
13	12	9	5	1	2	11	4	8	15	7	16	14	6	10	3
15	6	3	2	16	9	7	10	11	14	12	4	8	5	13	1
2	7	14	16	6	3	15	1	4	12	9	10	11	13	5	8
5	8	6	1	13	4	10	7	15	3	11	14	16	12	9	2
3	9	13	4	11	5	14	12	2	16	8	1	15	10	6	7
11	15	10	12	8	16	2	9	6	13	5	7	4	3	1	14

INTERMEDIATE 16

16	2	12	10	4	15	3	14	6	13	5	9	8	7	1	11
15	13	11	9	16	7	6	2	4	12	8	1	14	3	5	10
5	14	3	8	9	11	1	12	7	10	16	2	4	15	13	6
1	6	7	4	5	10	8	13	11	3	14	15	2	12	16	9
7	8	13	2	12	3	15	5	1	4	6	11	10	14	9	16
11	1	9	5	10	14	2	4	15	16	7	12	13	8	6	3
14	15	4	12	13	6	16	9	5	8	10	3	7	2	11	1
10	16	6	3	11	1	7	8	14	9	2	13	15	5	4	12
2	9	8	7	15	5	11	16	12	14	3	4	1	6	10	13
6	10	14	15	3	9	13	7	16	1	11	8	12	4	2	5
4	3	5	13	1	12	14	10	2	15	9	6	16	11	7	8
12	11	16	1	2	8	4	6	10	7	13	5	3	9	15	14
13	7	10	16	6	2	9	15	3	11	12	14	5	1	8	4
9	12	15	6	8	4	10	3	13	5	1	7	11	16	14	2
8	5	1	14	7	13	12	11	9	2	4	16	6	10	3	15
3	4	2	11	14	16	5	1	8	6	15	10	9	13	12	7

INTERMEDIATE 17

```
 7  8  4 16 | 12  2 10  3 | 11  9  1 14 | 15  5 13  6
 3  1  9 14 | 11  4 16 15 |  7  5  6 13 | 10 12  2  8
 2 12 15 13 |  6  5  9  1 |  3 10 16  8 |  4  7 11 14
10  5  6 11 | 14  7 13  8 |  2  4 12 15 | 16  1  9  3
 1  2 13  4 | 16  6 12  9 | 14  3 11  7 |  5  8 15 10
14  7 10  6 |  1 11  3 13 | 15  8  5 12 |  9 16  4  2
15  3  5 12 | 10 14  8  4 | 16  2 13  9 |  7 11  6  1
 8 11 16  9 |  5 15  7  2 |  1  6  4 10 |  3 13 14 12
16  6  8  5 | 13 12 14 11 |  9  1 10  4 |  2  3  7 15
12 14  1 15 |  9 10  4 16 | 13  7  3  2 | 11  6  8  5
11  9  7  2 |  8  3  5  6 | 12 15 14 16 | 13 10  1  4
13  4  3 10 |  2  1 15  7 |  6 11  8  5 | 14  9 12 16
 5 10 11  1 |  7 13  2 12 |  4 16 15  6 |  8 14  3  9
 6 15 14  3 |  4  8 11  5 | 10 13  9  1 | 12  2 16  7
 9 13 12  7 | 15 16  6 10 |  8 14  2  3 |  1  4  5 11
 4 16  2  8 |  3  9  1 14 |  5 12  7 11 |  6 15 10 13
```

INTERMEDIATE 18

```
 7  1  9  6 |  3 12 16 13 | 11 10 15  8 |  2  4 14  5
14  8  4 13 | 15  5 10  9 | 12  2  1  7 |  6 11  3 16
15 12  5 11 |  4  2 14  6 |  3  9 13 16 |  7 10  8  1
 3 16  2 10 |  8 11  7  1 |  6  5 14  4 | 12 15  9 13
10  7 16  5 | 13 14  4 12 |  9 15 11  3 |  8  6  1  2
 4  2  6 12 | 10  9 11 15 | 16  8  5  1 |  3 13  7 14
 9 14  8 15 |  1  7  3  5 |  2 13  4  6 | 10 12 16 11
 1 13 11  3 |  2  6  8 16 |  7 14 12 10 |  9  5  4 15
 5 15 10 14 |  6 16  2  3 |  8  1  9 13 | 11  7 12  4
16  9  7  8 | 12  4  1 11 | 10  6  2  5 | 13 14 15  3
 2  6 13  1 |  7 10 15 14 |  4 11  3 12 | 16  8  5  9
12 11  3  4 |  5 13  9  8 | 15 16  7 14 |  1  2  6 10
13  4 12  7 | 11  8  5  2 |  1  3 16 15 | 14  9 10  6
 8  3 15  9 | 14  1 12 10 | 13  4  6 11 |  5 16  2  7
 6 10 14  2 | 16  3 13  4 |  5  7  8  9 | 15  1 11 12
11  5  1 16 |  9 15  6  7 | 14 12 10  2 |  4  3 13  8
```

INTERMEDIATE 19

```
 6  5  9  8 |  7  1 11  3 |  2 10 12  4 | 15 14 13 16
12  2 13 15 |  8  4 14  6 | 11  5  7 16 |  1  9  3 10
 4 14  7  3 | 13 12 16 10 |  1  8  9 15 |  5 11  6  2
16 11  1 10 |  5  2 15  9 | 14 13  6  3 |  4  8  7 12
 3  1 16  4 |  2  8  5  7 | 12 11 15  6 | 10 13 14  9
15 13  8 14 | 10  6  1  4 |  9  3  5  2 | 11 12 16  7
 9 12 11  2 | 15  3 13 16 |  8  7 10 14 |  6  1  5  4
 5  7 10  6 | 12 11  9 14 |  4  1 16 13 |  8 15  2  3
 8 15 14 12 | 16  5  4 13 |  6  2  1  9 |  3  7 10 11
13 10  5 11 |  3  9  7  2 | 15 14  8 12 | 16  6  4  1
 7  6  3 16 |  1 14  8 12 |  5  4 11 10 | 13  2  9 15
 2  9  4  1 | 11 10  6 15 | 13 16  3  7 | 12  5  8 14
14 16 12 13 |  6 15  2  8 |  3  9  4 11 |  7 10  1  5
 1  8 15  9 |  4 16 10 11 |  7  6 14  5 |  2  3 12 13
10  3  2  5 |  9  7 12  1 | 16 15 13  8 | 14  4 11  6
11  4  6  7 | 14 13  3  5 | 10 12  2  1 |  9 16 15  8
```

INTERMEDIATE 20

```
11  5 12  7 | 15 16 14  4 | 13  1 10  2 |  3  6  8  9
10  3  8 15 | 12  2  7  1 | 11  5  9  6 |  4 16 13 14
16 13 14  9 |  5  6 10  3 |  8  4 15 12 |  7  1  2 11
 4  1  2  6 | 13 11  9  8 | 14  3  7 16 | 12  5 10 15
15  4  5  8 | 14  7 16 10 |  1  9  2 11 | 13 12  3  6
14  6  9 12 |  2  3 13 15 | 16  7  5  8 | 10  4 11  1
 3 16  1 11 |  8  5  4  9 | 12 13  6 10 | 14 15  7  2
13 10  7  2 | 11 12  1  6 |  4 15 14  3 |  9  8 16  5
 9 15 11  5 |  1 14  3 16 |  7  6 13  4 |  2 10 12  8
 1  7  3  4 | 10  8 15  2 |  9 12 11  5 | 16 14  6 13
12  2 16 13 |  6  4 11  5 | 15 10  8 14 |  1  3  9  7
 6  8 10 14 |  9 13 12  7 |  2 16  3  1 | 15 11  5  4
 2 14 15 10 |  3  1  8 13 |  5 11 12  7 |  6  9  4 16
 8  9  4  3 | 16 10  2 11 |  6 14  1 13 |  5  7 15 12
 7 11  6  1 |  4 15  5 12 |  3  2 16  9 |  8 13 14 10
 5 12 13 16 |  7  9  6 14 | 10  8  4 15 | 11  2  1  3
```

INTERMEDIATE 21

```
10  8 13 14 |  3 11  7 12 | 16  4  9  6 |  1  5  2 15
 9  3  1  2 | 13 10  6  8 | 14 12 15  5 | 11  7  4 16
 4 11  6 15 | 14  9 16  5 |  7 10  1  2 |  3 12 13  8
12  5 16  7 |  4  2  1 15 | 13  3  8 11 |  6 10  9 14
 5  2 12 13 | 15  1  3  9 | 11  6 16 14 |  8  4  7 10
15  6  8 11 | 10  7  4 16 |  5  1 12  9 | 13  2 14  3
 7  4 14  1 | 12  8  5 13 | 15  2 10  3 |  9 16 11  6
16  9  3 10 |  2  6 14 11 |  8 13  7  4 | 15  1  5 12
13 16 10  3 | 11  5  9  7 |  1 15  2 12 | 14  6  8  4
 8 15  7  4 |  1 13 10 14 |  9  5  6 16 | 12 11  3  2
11 14  9  5 |  6  4 12  2 |  3  8 13 10 |  7 15 16  1
 6  1  2 12 | 16 15  8  3 |  4 14 11  7 |  5  9 10 13
 1 10 11  6 |  9  3 15  4 |  2  7 14  8 | 16 13 12  5
 2 12  5  9 |  7 14 13 10 |  6 16  3  1 |  4  8 15 11
 3 13  4 16 |  8 12 11  1 | 10  9  5 15 |  2 14  6  7
14  7 15  8 |  5 16  2  6 | 12 11  4 13 | 10  3  1  9
```

INTERMEDIATE 22

```
 4  5  1 14 |  9 10 16  6 | 15  3  8  7 | 12 11 13  2
 6  2  3 13 | 15  5  1 14 | 11 16  9 12 |  8  4 10  7
 9 16 10  7 | 11  8 12  2 | 13  4  1  5 |  3 15  6 14
 8 12 11 15 | 13  7  4  3 | 14 10  6  2 |  1  5  9 16
15  7  5 10 | 14  6 13 11 |  3 12  2  9 | 16  8  1  4
 1  8 16  6 | 10  2  3  7 |  4 13 11 15 |  9 12 14  5
14  4 13  9 | 12  1  5 15 |  8  6  7 16 | 10  3  2 11
 2 11 12  3 |  4 16  9  8 |  5 14 10  1 |  6 13  7 15
 5 13 15  1 |  6 14  7 12 | 10  9  4  3 |  2 16 11  8
11 14  6 16 |  2  4 15 10 |  7  8 12 13 |  5  9  3  1
 3  9  7  4 | 16 13  8  1 |  5 15 14 12 | 10  1  6 11
 7  3 14  2 |  5 11 10 16 | 12  1 13  8 |  4  6 15  9
10  1  4 12 |  8 15 14  9 | 16 11  3  6 |  7  2  5 13
16 15  9  5 |  1 12  6 13 |  2  7 14  4 | 11 10  8  3
```

Super Sudoku 235

```
INTERMEDIATE 23
15 11  8 16 |  3  2  4 10 |  7 13  6 12 | 14  1  5  9
13 14  9 12 | 15 16  1 11 | 10  3  8  5 |  6  7  4  2
 5  7  3  6 |  9 12 14  8 |  2 11  1  4 | 16 10 13 15
 2  4 10  1 |  6  7  5 13 | 16 15 14  9 |  3 11  8 12
 8 12 11  3 | 13  9 10  4 |  5  2  7 16 | 15 14  6  1
10  6  2  7 |  5  1 15  3 |  4 14  9  8 | 13 12 16 11
 1  5 16 13 |  2  8  6 14 | 12 10 11 15 |  9  4  3  7
14  9  4 15 | 12 11 16  7 |  1  6 13  3 |  2  5 10  8
 4 10 13  2 |  8  6  9  5 | 11 12 16  7 |  1 15 14  3
 6  1 12  8 | 10  3  7 15 | 14  9  4 13 |  5  2 11 16
 3 15 14 11 |  1 13 12 16 |  8  5  2  6 | 10  9  7  4
 7 16  5  9 |  4 14 11  2 | 15  1  3 10 |  8  6 12 13
11  3  7  5 | 14 15  2  6 | 13 16 12  1 |  4  8  9 10
16  2 15 10 |  7  4 13 12 |  9  8  5 14 | 11  3  1  6
12  8  1 14 | 16 10  3  9 |  6  4 15 11 |  7 13  2  5
 9 13  6  4 | 11  5  8  1 |  3  7 10  2 | 12 16 15 14
```

INTERMEDIATE 23

```
INTERMEDIATE 24
 9 11  1 15 |  6 10 14  4 |  3  7 12 16 |  5 13  2  8
 4  5 16  3 |  7 12  2  9 | 11 14  8 13 | 15 10  6  1
 7 14 10  6 |  8 15 13  3 |  5  1  2  4 |  9 11 16 12
13 12  2  8 | 16 11  5  1 | 10  6 15  9 |  4  7  3 14
 3  8  4 10 | 14  6 12 11 | 13  2 16 15 |  7  1  9  5
11  1 14 16 |  9  7  3  8 |  6 10  4  5 | 13 12 15  2
 6 13  9  2 |  4  1 15  5 | 14  8  7 12 | 11 10  3 16
15  7 12  5 |  3 16  8 10 |  2 13  9 11 |  1  4 14  6
16  2 11 12 |  5  9  8 10 | 15  4 14  6 |  1  3 13  7
10  9  5  1 |  3 14 16 15 |  7 11 13  8 |  6  2  4 12
14  3  6  4 | 12 13  1  7 |  2  9  5 10 | 11  8 16 15
 8 15 13  7 |  2  4 11  6 | 16 12  1  3 |  9 14  5 10
 2  6  3 14 |  1  5  9 16 |  4 15 11  7 | 10  8 12 13
 5  4  8 13 | 10  2  6 12 |  9 16  3  1 | 14 15  7 11
12 16 15  9 | 11  8  7 13 |  5 10 14  2 |  6  1  4  3
 1 10  7 11 | 15  8  4 14 | 12 13  6  2 |  3  5 16  9
```

INTERMEDIATE 24

```
INTERMEDIATE 25
 3 15  5 11 | 16 12 13  1 |  4 14  8 10 |  6  2  9  7
 6 13  8  2 | 11  4 10  3 |  1 16  7  9 | 12 14  5 15
12 10  9  7 |  2  6  8 14 | 13 15  3  5 |  1 11  4 16
16  4  1 14 |  5  9 15  7 | 11 12  6  2 | 10  8 13  3
 7 16 12  9 |  8  1  5  6 | 15 13 10  3 | 14  4 11  2
13  2 14  6 | 12 15  3 11 |  9  1  4 16 |  8  5 10  7
 4  3 15 10 |  7  2 14 13 |  8  5 11 12 |  9 16  6  1
 5  8 11  1 |  9 10  4 16 | 14  6  2  7 |  3 15 12 13
11  9  2  3 | 10  8  6  5 | 16  7 12 15 |  4 13  1 14
15  6 10  5 |  1  7  4  2 | 11 13 14  9 | 16  3  9  8
 1 12  7  4 | 13 14 16  2 |  3  9  5  8 | 11  6 15 10
 8 14 16 13 | 15  3 11  9 |  6 10  1  4 |  5  7  2 12
10 11 13  8 |  4 16  9 15 |  5  2 14  1 |  7 12  3  6
 9  5  4 15 |  3 13  1 12 |  7  8 16  6 |  2 10 14 11
14  7  3 12 |  6 11  2  8 | 10  4  9 13 | 15  1 16  5
 2  1  6 16 | 14  5  7 10 | 12  3 15 11 | 13  9  8  4
```

INTERMEDIATE 25

```
INTERMEDIATE 26
15 12  6 11 |  9 16 14  5 |  2  8 10  3 |  1 13  4  7
 3  1 16  7 | 15 11 12  9 |  4 14 13  8 |  2 10  5  6
 9  5 14  8 | 10 13  4  2 |  6 15  1  7 | 12 16  3 11
10  4  2 13 |  1  8  7  3 | 12 11 16  5 | 15  9 14  6
 2 14  5  9 | 13  3  1  8 | 16 12 15  4 |  7 11  6 10
13  3 15  4 | 16 11 10  6 |  8  2  7 14 |  9 12  5  1
 1  6  7 16 | 14 12 15  9 | 13 10  5 11 |  4  8  2  3
11 10  8 12 |  7  5  2  4 |  3  6  9  1 | 16 14 13 15
16 11 10  5 |  4  2  3  1 |  7  9 13 12 |  6 15  8 14
12  7  9  2 |  8 10 16 15 | 14  3  4  6 | 11  5  1 13
 4  8  1  6 |  9 13 14  5 | 15 11 10  2 |  7 16 12  3
14 15 13  6 |  5  7 12 11 |  1 16  8  2 | 10  3  9  4
 5  9  3 15 | 11 14  8  7 | 10  1  6 16 | 13  4 12  2
 8 13 12 14 |  3  1  9 10 |  4  7  2 15 |  5  6 11 16
 6  2  4  1 | 12 15  5 16 | 11 13  3  8 | 14 10  7  9
 7 16 11 10 |  2  4  6 13 |  5 14 12  9 |  3  1 15  8
```

INTERMEDIATE 26

```
INTERMEDIATE 27
12  7  5  6 | 15  8 10 13 | 16  3  9  4 | 11 14  1  2
 1 10 16 11 |  2 12  4  5 | 15  7 14 13 |  9  8  3  6
 8 15  2  4 |  6  3  9 14 | 10 11 12  1 |  7 13  5 16
 9 14 13  3 |  1  7 16 11 |  6  8  5  2 | 10 15  4 12
11 12  8 15 |  4 13 14  1 |  9  2 10  3 | 16  7  6  5
13  9 10  5 |  7  2  3  6 |  4 15 16  8 | 12 11 14  1
 4  2  3  1 |  5 16 12  8 | 14  6 11  7 | 15 10  9 13
16  6  7 14 | 10  9 11 15 | 12 13  1  5 |  4  2  8  3
 7  4  6 12 |  3 15  2 16 | 11 14  8 10 |  1  5 13  9
10  5 14  9 |  8  1  6 12 |  2  4 13 15 |  3 16  7 11
 3  8 15 13 | 14 11  5  4 |  1 16  7  9 |  2  6 12 10
 2  1 11 16 | 13 10  7  9 | 15 12  3  6 | 14  4  5  8
 5 11  9  8 | 12  4  1  7 | 13 10  2 14 |  6  3 16 15
14 13  1  2 | 16  6  8  3 |  7  9 15 11 |  5 12 10  4
 6  3 12  7 | 11  5 15 10 |  8  1  4 16 | 13  9  2 14
15 16  4 10 |  9 14 13  2 |  3  5  6 12 |  8  1 11  7
```

INTERMEDIATE 27

```
INTERMEDIATE 28
11  7  9  1 |  2  4 15 10 |  6 16  5  8 | 13 14  3 12
13 12 16  3 |  1  8  5 14 | 10  9  4 15 |  6 11  7  2
10  4  2  5 |  9 12  6  7 | 14 11  3 13 |  8 15 16  1
14 15  6  8 | 13 11  3 16 | 12  7  2  1 | 10  4  9  5
12 16 15  2 |  6  7 14  1 | 11  8  9 10 |  5 13  4  3
 7  1 11 10 |  4 13 12  8 |  5 14 15  3 | 16  2  6  9
 4  9  3 14 | 10 15 16  5 | 13  6  1  2 |  7 12  8 11
 5  8 13  6 |  3  2 11  9 |  4 12 16  7 | 14  1 15 10
 9  5  8  4 | 12 10  1  2 | 15 13  7 14 |  3  6 11 16
16 14 12 13 |  7  3  9 11 |  2 10  6  4 |  1  8  5 15
 2  3 10 11 | 14  6  4 15 | 16  1  8  5 |  9  7 12 13
15  6  1  7 |  5 16  8 13 |  9  3 12 11 |  4 10  2 14
 8  2 14 12 | 15  9  7  6 |  1  5 13 16 | 11  3 10  4
 6 10  4 16 | 11  5 13  3 |  7 15 14 12 |  2  9  1  8
 1 11  5  9 |  8 14  2 12 |  3  4 10  6 | 15 16 13  7
 3 13  7 15 | 16  1 10  4 |  8  2 11  9 | 12  5 14  6
```

INTERMEDIATE 28

INTERMEDIATE 29

10	9	6	7	8	13	14	2	15	1	5	4	12	16	3	11
3	4	14	13	5	9	11	16	10	8	6	12	7	1	15	2
1	5	2	8	7	12	15	4	14	3	16	11	10	9	13	6
16	11	12	15	3	10	6	1	7	9	13	2	4	14	5	8
6	3	4	14	10	11	8	9	12	13	7	16	5	15	2	1
11	2	13	10	15	16	12	6	5	14	4	1	8	7	9	3
9	8	16	12	1	5	7	3	2	11	10	15	13	6	14	4
5	15	7	1	2	4	13	14	3	6	9	8	11	10	12	16
13	16	1	9	6	8	4	10	11	15	2	3	14	5	7	12
15	10	3	2	12	14	9	5	6	4	8	7	16	11	1	13
4	7	11	5	16	1	3	15	13	12	14	10	6	2	8	9
14	12	8	6	11	7	2	13	16	5	1	9	3	4	10	15
2	14	5	4	9	3	16	12	8	7	15	6	1	13	11	10
12	1	9	16	14	2	5	11	4	10	3	13	15	8	6	7
8	13	15	3	4	6	10	7	1	2	11	5	9	12	16	14
7	6	10	11	13	15	1	8	9	16	12	14	2	3	4	5

INTERMEDIATE 30

10	16	6	3	1	13	9	14	7	4	2	5	11	12	15	8
13	8	12	1	7	10	3	4	6	14	15	11	2	9	16	5
4	9	14	7	11	2	5	15	12	8	16	10	3	13	6	1
5	2	15	11	8	6	12	16	1	13	9	3	14	7	10	4
15	1	11	9	10	14	7	12	16	2	6	8	4	3	5	13
2	13	3	6	5	15	11	8	4	1	10	12	9	16	7	14
12	5	8	14	6	4	3	13	11	7	9	15	10	1	2	16
16	4	7	10	13	9	1	2	14	3	15	5	12	6	8	11
14	7	2	13	15	11	8	10	9	5	12	1	16	4	3	6
1	11	4	15	14	2	6	3	7	8	16	5	13	9	12	10
3	6	5	12	16	1	2	7	15	10	4	13	8	11	14	9
9	10	16	8	3	4	13	5	2	6	11	14	1	15	12	7
6	14	9	4	2	3	15	1	5	16	13	7	10	8	11	12
8	15	13	2	4	5	16	11	10	12	14	6	7	1	9	3
7	3	10	16	12	8	14	13	11	9	1	2	6	5	4	15
11	12	1	5	9	7	10	6	8	15	3	4	13	14	2	16

INTERMEDIATE 31

5	11	1	10	4	8	7	12	16	13	9	15	14	3	2	6
16	2	12	14	11	3	15	1	4	5	6	10	8	13	7	9
7	3	6	8	16	14	9	13	1	2	12	11	15	10	4	5
9	15	4	13	6	10	2	5	14	3	7	8	12	16	11	1
8	6	3	11	9	12	4	16	10	1	15	2	13	14	5	7
14	12	5	1	13	7	3	10	11	6	4	9	2	8	15	16
4	16	9	7	2	15	1	8	13	14	3	5	10	11	6	12
2	13	10	15	14	5	6	11	7	8	16	12	4	1	9	3
10	1	7	9	3	2	13	14	6	11	8	16	5	15	12	4
11	5	13	6	8	16	12	15	2	9	14	4	1	7	3	10
3	4	8	12	7	11	5	9	15	10	1	13	16	6	14	2
15	14	16	2	1	6	10	4	3	12	5	7	11	9	13	8
1	10	11	4	15	9	14	3	5	16	2	6	7	12	8	13
13	9	15	5	12	1	11	2	8	7	10	3	6	4	16	14
6	8	14	3	5	4	16	7	12	15	13	1	9	2	10	11
12	7	2	16	10	13	8	6	9	4	11	14	3	5	1	15

INTERMEDIATE 32

6	7	3	13	2	16	14	15	5	1	11	8	9	4	10	12
12	8	14	11	6	7	1	3	10	13	4	9	16	15	5	2
4	9	10	2	12	11	5	13	14	7	16	15	8	1	6	3
5	15	16	1	4	10	8	9	6	12	3	2	11	14	13	7
16	12	1	6	11	3	9	10	13	14	15	7	2	5	8	4
10	4	7	15	1	2	13	5	11	9	8	12	14	3	16	6
3	5	13	14	8	12	15	16	2	4	6	1	7	10	9	11
8	2	11	9	14	4	7	6	16	10	5	3	15	12	1	13
1	6	2	5	9	13	11	7	15	3	14	10	12	16	4	8
11	10	9	3	15	1	16	12	8	2	7	4	6	13	14	5
7	16	12	8	5	14	3	4	1	11	13	6	10	9	2	15
13	14	15	4	10	8	6	2	12	16	9	5	3	11	7	1
15	13	6	16	3	9	12	1	7	5	2	14	4	8	11	10
2	11	8	12	7	5	4	14	9	15	10	13	1	6	3	16
9	1	4	7	13	6	10	11	3	8	12	16	5	2	15	14
14	3	5	10	16	15	2	8	4	6	1	11	13	7	12	9

INTERMEDIATE 33

9	14	6	4	8	11	10	16	12	2	3	1	13	15	7	5
11	16	1	8	3	13	15	9	6	4	5	7	10	12	2	14
12	13	3	7	14	5	1	2	15	16	8	10	4	6	11	9
5	2	15	10	6	12	4	7	13	9	11	14	1	16	3	8
1	5	9	11	12	14	7	10	2	3	13	6	16	4	8	15
4	8	14	2	1	15	3	6	11	12	7	16	9	13	5	10
15	12	10	3	13	4	16	11	14	5	9	8	7	1	6	2
7	6	13	16	2	9	8	5	10	1	15	4	12	3	14	11
3	7	4	9	5	16	2	13	1	8	6	11	15	14	10	12
13	1	8	6	10	3	11	15	9	7	14	12	5	2	16	4
14	11	16	5	4	1	6	12	3	10	2	15	8	7	9	13
2	10	12	15	9	7	14	8	4	13	16	5	6	11	1	3
6	3	2	12	7	9	8	4	16	11	10	13	14	5	15	1
8	4	11	13	16	2	5	14	7	15	1	9	3	10	12	6
16	15	5	14	11	10	13	1	8	6	12	3	2	9	4	7
10	9	7	1	15	6	12	3	5	14	4	2	11	8	13	16

INTERMEDIATE 34

5	4	7	16	2	11	15	1	12	8	3	13	6	10	14	9
11	9	8	2	16	13	14	10	1	6	4	15	3	5	12	7
10	1	3	13	4	8	6	12	14	9	5	7	11	15	16	2
6	14	12	15	3	7	5	9	10	2	11	16	1	8	4	13
8	16	6	7	15	12	4	11	2	10	1	9	5	13	3	14
9	12	11	4	8	14	1	13	15	5	6	3	2	7	10	16
3	10	13	1	5	9	16	2	7	4	8	14	15	6	11	12
14	15	2	5	10	6	3	7	16	13	12	11	9	1	8	4
13	7	10	8	6	16	11	3	4	12	15	5	14	9	2	1
2	11	15	12	14	1	13	4	6	3	9	8	7	16	5	10
16	5	9	14	12	2	8	15	11	1	7	10	4	3	13	6
4	6	1	3	9	10	7	5	13	16	14	2	8	12	15	11
12	13	5	11	1	3	2	6	9	15	10	4	16	14	7	8
1	8	4	6	11	15	10	14	3	7	16	12	13	2	9	5
7	3	14	10	13	5	9	16	8	11	2	1	12	4	6	15
15	2	16	9	7	4	12	8	5	14	13	6	10	11	1	3

INTERMEDIATE 35

```
 7 10 15 16 | 4  9  5  8 |12 14  1  3 |13  2 11  6
 4 13  1  2 |16  3 15 14 | 8  5  6 11 |10  9  7 12
 6  5 11 14 | 2  1 12  7 |13 10  4  9 |16  8  3 15
 3  8 12  9 |11 13 10  6 |15  2 16  7 |14  4  5  1
12 14  2  1 |15  7  9  5 |16 11 13  8 | 3 10  6  4
15  4  3 10 |14 12  8  2 | 6  7  9  5 | 1 13 16 11
16  7 13  8 | 6 11  3  4 |10  1 12 15 | 2  5 14  9
 9 11  5  6 |10 16 13  1 | 4  3 14  2 |15  7 12  8
14  9  8  5 | 3 15 16 13 |11  4 10  1 | 6 12  2  7
 1  3  7 15 |12 14  4  9 | 5 13  2  6 | 8 11 10 16
11  6 16 13 | 1  5  2 10 | 7 12  8 14 | 4 15  9  3
 2 12 10  4 | 8  6  7 11 | 3  9 15 16 | 5  1 13 14
 5  1 14  7 | 9 10  6  3 | 2  8 11  4 |12 16 15 13
13 15  9 12 | 7  4  1 16 |14  6  5 10 |11  3  8  2
10  2  4 11 |13  8 14 15 | 9 16  3 12 | 7  6  1  5
 8 16  6  3 | 5  2 11 12 | 1 15  7 13 | 9 14  4 10
```

INTERMEDIATE 36

```
 1  9  2 11 |10  5 12  6 |13  3 15  8 | 4  7 14 16
14 13  4  7 |15  1  3  8 |16 11 12 10 | 6  9  5  2
 5 15 12  8 |16  4  7  2 |14  6  9  1 |10 11  3 13
 6  3 16 10 |13 11  9 14 | 7  5  4  2 | 8  1 12 15
 2  5  8  3 |11 10  4 12 | 1 15 14  6 |13 16  7  9
10 14  6  9 | 8 15  1 13 | 2 16  7 12 | 5  4 11  3
12 11  1 16 | 9  3  6  7 | 8  4  5 13 |14 15  2 10
15  4  7 13 | 5  2 14 16 | 3 10 11  9 |12  6  8  1
13 16 14 15 |12  6  8  1 |10  7  2 11 | 9  3  4  5
11  7  3  1 | 4  9  2 15 |12  8  6  5 |16 13 10 14
 4 12 10  2 |14  7 13  5 |15  9 16  3 | 1  8  6 11
 8  6  9  5 | 3 16 10 11 | 4  1 13 14 | 2 12 15  7
16  2 11 12 | 1  8  5  3 | 6 13 10  7 |15 14  9  4
 7 10 13  4 | 6 14 16  9 | 5 12  3 15 |11  2  1  8
 9  1  5 14 | 7 12 15  4 |11  2  8 16 | 3 10 13  6
 3  8 15  6 | 2 13 11 10 | 9 14  1  4 | 7  5 16 12
```

INTERMEDIATE 37

```
 1 13  5 10 | 8 15 11  7 | 6  3 16 12 | 2  9 14  4
 6  7  9  3 |16 12 10  1 | 8 14  2  4 | 5 13 11 15
12  2 16  4 |13  9  3 14 |11  5 10 15 | 7  1  6  8
14 15  8 11 | 4  2  6  5 | 7 13  1  9 |10 16 12  3
 9 16 11  8 |14  5 12 15 |10  2  6  7 | 3  4 13  1
 3  1  6 12 | 2 13  9 14 | 8  4  5 16 | 7 15 10 11
 2  4 14  7 | 3  1 16 10 |13 15  9 11 |12  5  8  6
10  5 13 15 | 6  7  4  8 | 3  1 12 16 |11  2  9 14
 8  3 15  6 | 5 13  7 12 | 1  4 11  2 |14 10 16  9
11  9 10  2 | 1 16 14  4 |15 12  3 13 | 8  6  5  7
 5 12  7 13 |15  8  9  3 |16  6 14 10 | 4 11  1  2
16 14  4  1 |10  6  2 11 | 5  9  7  8 |15 12  3 13
 4 11 12  9 | 7  3  1 13 | 2 16 15 14 | 6  8 10  5
 7  8  2  5 | 9 10 15  6 |12 11 13  3 | 1 14  4 16
15 10  1 14 |11  4  8 16 | 9  7  5  6 |13  3  2 12
13  6  3 16 |12 14  5  2 | 4 10  8  1 | 9 15  7 11
```

INTERMEDIATE 38

```
12 15 11 14 | 5  8  9 13 | 4  7 10  6 |16  3  1  2
 7  3 13  8 | 6 16 11  1 | 5 14 15  2 |12 10  4  9
 4  1 10  6 |15 14  7  2 | 3 12  9 16 | 8 11 13  5
16  2  9  5 | 4 12  3 10 |11  1 13  8 |14  7 15  6
 3  6 16 15 |14 11 10  4 | 1  2 12 13 | 9  5  8  7
 8 13  7  4 | 9  1  2  5 |14  3 11 10 |15  6 16 12
11  9  5 10 | 3 13 12  8 | 7 16  6 15 | 4  1  2 14
14 12  1  2 | 7 15  6 16 | 8  5  4  9 |11 13 10  3
 9 11 12  1 |10  5  8 14 |13 15  7  3 | 2  4  6 16
15 16  2  7 |12  4 13  6 |10 11 14  1 | 3  9  5  8
 5  8 14  3 | 2  9  1 11 |12  6 16  4 |13 15  7 10
10  4  6 13 |16  7 15  3 | 2  9  8  5 | 1 14 12 11
 1  5  8 16 |13 10 14  7 | 9  4  2 11 | 6 12  3 15
 2 14 15 11 | 1  6  4 12 |16 10  3  7 | 5  8  9 13
13 10  4  9 |11  3 16 15 | 6  8  5 12 | 7  2 14  1
 6  7  3 12 | 8  2  5  9 |15 13  1 14 |10 16 11  4
```

INTERMEDIATE 39

```
 7  8  4 10 | 6 13 12  5 | 1 16 15 11 | 9 14  2  3
13 11  9 14 | 2 16  4  7 | 8  3  5 12 | 6 15  1 10
 6 12 16  3 |15 14  8  1 | 7  2  9 10 |13 11  4  5
 1  2  5 15 |10  9  3 11 |14  6 13  4 |12  8  7 16
 4  5 11 12 | 9  8  7  2 | 6 10 16 14 |15  3 13  1
15 16  3  7 |14  6  5 12 | 4 11  1 13 |10  2  8  9
 9 10 14  2 | 1 15 13  4 | 3  8 12  7 |11 16  5  6
 8  1  6 13 |11  3 16 10 |15  9  2  5 | 4  7 14 12
16  3 10 11 | 8  5  6 15 | 2 14  4  9 | 1 13 12  7
 2 13  8  1 |12 10  9  3 |11 15  7  6 | 5  4 16 14
14  4  7  6 |16  1  2 13 | 5 12 10  8 | 3  9 15 11
12  9 15  5 | 4  7 11 14 |16 13  3  1 | 2  6 10  8
 5  6  2  4 |13 12 14  8 | 9  1 11 16 | 7 10  3 15
10  7  1  8 | 3 11 15  6 |13  5 14  2 |16 12  9  4
 3 14 13 16 | 5  4 10  9 |12  7  6 15 | 8  1 11  2
11 15 12  9 | 7  2  1 16 |10  4  8  3 |14  5  6 13
```

INTERMEDIATE 40

```
 1 10 12  4 | 6  7 15 16 |11  5 13  3 | 8 14  2  9
14 11 13 16 | 8  2  9  3 | 6  7 12 10 | 4 15  1  5
 6  7  5  2 | 4 13 14  1 |15 16  9  8 |11 10  3 12
15  8  9  3 |12  5 11 10 | 2 14  1  4 |16  7  6 13
12  5 14 11 |15  9  8 13 | 4 10  3  2 | 1  6 16  7
 4  2 10  8 | 5  1  3  6 | 7 12 11 16 |15  9 13 14
 9  3  6 13 | 7 16  2 14 | 5  8 15  1 |12  4 10 11
16 15  7  1 |11 10 12  4 |13  9 14  6 | 5  2  8  3
 5 16  1  9 |13 12 10  2 |14  6  4 15 | 3 11  7  8
11 13  8 15 | 3  6  5  9 | 1  2  7 12 |14 16  4 10
 2 12  4  6 |14 11  7  8 |16  3 10 13 | 9  1  5 15
10 14  3  7 |16  4  1 15 | 8 11  5  9 | 2 13 12  6
 8  6 11  5 | 1 14  4 12 |10 15  2  7 |13  3  9 16
 7  9  2 14 |10  3 13  5 |12  4 16 11 | 6  8 15  1
 3  1 15 12 | 2  8 16  7 | 9 13  6 14 |10  5 11  4
13  4 16 10 | 9 15  6 11 | 3  1  8  5 | 7 12 14  2
```

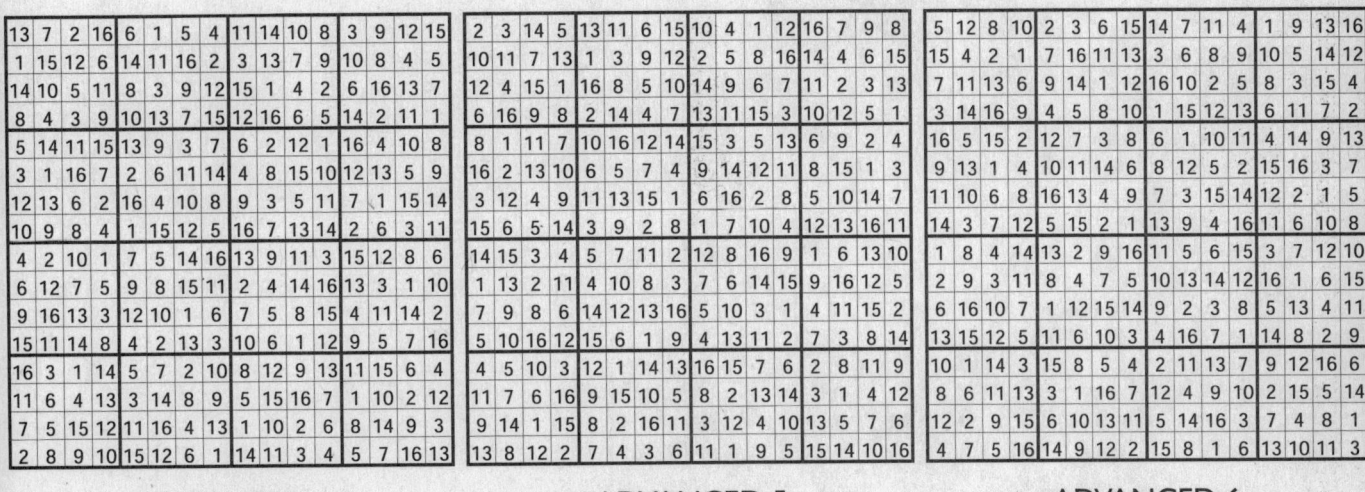

ADVANCED 1

```
13  4 14  1 | 6 15  2  9 | 5 12 10  3 | 8 11  7 16
12  6  8  9 |14 11 16  7 |15  1  2 13 | 4  3 10  5
 5  2 16 11 |13 10  3  8 | 6  9  7  4 |15 14  1 12
 7  3 15 10 | 4  5 12  1 |11 16 14  8 | 2  6  9 13
 3  1  5  8 | 7  6 10  2 | 9 15 16 11 |12  4 13 14
 9 12 11  7 |16  8 13  4 |14  6  3  2 | 1  5 15 10
 4 10 13  2 |15  3 14 12 | 8  5  1  7 | 9 16 11  6
16 15  6 14 | 5  9  1 11 |13  4 12 10 | 7  8  2  3
 8  7  3 15 |12  1  9 14 |10  2  4  5 |16 13  6 11
14  5  1  4 | 2 16 11 13 |12  3  9  6 |10 15  8  7
10  9 12 16 | 8  7 15  6 | 1 11 13 14 | 3  2  5  4
 6 11  2 13 | 3  4  5 10 |16  7  8 15 |14  1 12  9
11 14  7 12 |10  2  6 16 | 3 13 15  1 | 5  9  4  8
 1  8  9  5 |11 12  7 15 | 4 14  6 16 |13 10  3  2
15 13 10  6 | 9 14  4  3 | 2  5  8 12 |11  7 16  1
 2 16  4  3 | 1 13  8  5 | 7 10 11  9 | 6 12 14 15
```

ADVANCED 2

```
 7 16  8  2 | 4  6 14 10 | 3 15 11  9 |13 12  5  1
 9 14 10 12 | 2  7  3 15 | 5  1  4 13 |16 11  8  6
11  5  3 15 |13 16  1  8 | 6 12 14 10 | 7  2  4  9
13  4  1  6 | 9  5 12 11 | 2  7  8 16 | 3 14 15 10
 4  3  7  8 |10 14  6 12 |16  5 15  1 | 9 13 11  2
 1 12  9 16 | 7 11  4  5 | 8  2 13  3 |15 10  6 14
 6 11  2 13 |16  9 15  3 | 7 14 10  4 | 8  1 12  5
15 10 14  5 | 8  1 13  2 |11  9  6 12 | 4  3 16  7
16  9 15 14 |12  3 10  7 |13  4  1  6 | 5  8  2 11
10  7  6 11 | 5 13  9  1 |12 16  2  8 |14 15  3  4
 2  1 13  3 | 6  4  8 16 |14 11  5 15 |10  7  9 12
 5  8 12  4 |11 15  2 14 |10  3  9  7 | 1  6 13 16
 8  2 16  7 |15 10 11  4 | 1 13 12  5 | 6  9 14  3
 3 15  5  1 |14 12 16  6 | 9  8  7 11 | 2  4 10 13
14 13 11 10 | 1  8  5  9 | 4  6  3  2 |12 16  7 15
12  6  4  9 | 3  2  7 13 |15 10 16 14 |11  5  1  8
```

ADVANCED 3

```
14 15 11 16 | 2 13  9  6 | 7 10  1  8 | 4  5  3 12
 1  4  8 12 |16  7 11  3 | 2 14 15  5 | 6  9 10 13
10  9 13  2 | 8 14 12  5 | 3 11  6  4 | 7 16 15  1
 6  3  7  5 | 1 10  4 15 |16  9 13 12 | 2 11  8 14
13  1  2  6 |11  9  5  7 |15  8 10  3 |14 12  4 16
12  7  4  9 | 3  8 10 13 | 1 16  5 14 |11  2  6 15
 5 14 10 15 |12  6  1 16 | 4  2 11 13 | 3  8  7  9
 8 11 16  3 |14  2 15  4 | 9  7 12  6 | 5 13  1 10
11 10 12  1 | 5  4  3  8 |14 15  9  2 |16  6 13  7
 9  8  5  4 |10 12 14 11 |13  6  7 16 |15  1  2  3
15  2  3 13 | 6 16  7  1 | 8  5  4 10 |12 14  9 11
 7 16  6 14 | 9 15 13  2 |12  1  3 11 |10  4  5  8
 2  6  9  8 | 4  1 16 12 |10  3 14  7 |13 15 11  5
16 12 15 11 | 7  5  2 10 | 6 13  8  1 | 9  3 14  4
 3 13  1 10 |15 11  6 14 | 5  4 16  9 | 8  7 12  2
 4  5 14  7 |13  3  8  9 |11 12  2 15 | 1 10 16  6
```

ADVANCED 4

```
13  7  2 16 | 6  1  5  4 |11 14 10  8 | 3  9 12 15
 1 15 12  6 |14 11 16  2 | 3 13  7  9 |10  8  4  5
14 10  5 11 | 8  3  9 12 |15  1  4  2 | 6 16 13  7
 8  4  3  9 |10 13  7 15 |12 16  6  5 |14  2 11  1
 5 14 11 15 |13  9  3  7 | 6  2 12  1 |16  4 10  8
 3  1 16  7 | 2  6 11 14 | 4  8 15 10 |12 13  5  9
12 13  6  2 |16  4 10  8 | 9  3  5 11 | 7  1 15 14
10  9  8  4 | 1 15 12  5 |16  7 13 14 | 2  6  3 11
 4  2 10  1 | 7  5 14 16 |13  9 11  3 |15 12  8  6
 6 12  7  5 | 9  8 15 11 | 2  4 14 16 |13  3  1 10
 9 16 13  3 |12 10  1  6 | 7  5  8 15 | 4 11 14  2
15 11 14  8 | 4  2 13  3 |10  6  1 12 | 9  5  7 16
16  3  1 14 | 5  7  2 10 | 8 12  9 13 |11 15  6  4
11  6  4 13 | 3 14  8  9 | 5 15 16  7 | 1 10  2 12
 7  5 15 12 |11 16  4 13 | 1 10  2  6 | 8 14  9  3
 2  8  9 10 |15 12  6  1 |14 11  3  4 | 5  7 16 13
```

ADVANCED 5

```
 2  3 14  5 |13 11  6 15 |10  4  1 12 |16  7  9  8
10 11  7 13 | 1  3  9 12 | 2  5  8 16 |14  4  6 15
12  4 15  1 |16  8  5 10 |14  9  6  7 |11  2  3 13
 6 16  9  8 | 2 14  4  7 |13 11 15  3 |10 12  5  1
 8  1 11  7 |10 16 12 14 |15  3  5 13 | 6  9  2  4
16  2 13 10 | 6  5  7  4 | 9 14 12 11 | 8 15  1  3
 3 12  4  9 |11 13 15  1 | 6 16  2  8 | 5 10 14  7
15  6  5 14 | 3  9  2  8 | 1  7 10  4 |12 13 16 11
14 15  3  4 | 5  7 11  2 |12  8 16  9 | 1  6 13 10
 1 13  2 11 | 4 10  8  3 | 7  6 14 15 | 9 16 12  5
 7  9  8  6 |14 12 13 16 | 5 10  3  1 | 4 11 15  2
 5 10 16 12 |15  6  1  9 | 4 13 11  2 | 7  3  8 14
 4  5 10  3 |12  1 14 13 |16 15  7  6 | 2  8 11  9
11  7  6 16 | 9 15 10  5 | 8  2 13 14 | 3  1  4 12
 9 14  1 15 | 8  2 16 11 | 3 12  4 10 |13  5  7  6
13  8 12  2 | 7  4  3  6 |11  1  9  5 |15 14 10 16
```

ADVANCED 6

```
 5 12  8 10 | 2  3  6 15 |14  7 11  4 | 1  9 13 16
15  4  2  1 | 7 16 11 13 | 3  6  8  9 |10  5 14 12
 7 11 13  6 | 9 14  1 12 |16 10  2  5 | 8  3 15  4
 3 14 16  9 | 4  5  8 10 | 1 15 12 13 | 6 11  7  2
16  5 15  2 |12  7  3  8 | 6  1 10 11 | 4 14  9 13
 9 13  1  4 |10 11 14  6 | 8 12  5  2 |15 16  3  7
11 10  6  8 |16 13  4  9 | 7  3 15 14 |12  2  1  5
14  3  7 12 | 5 15  2  1 |13  9  4 16 |11  6 10  8
 1  8  4 14 |13  2  9 11 | 5  6 15  3 | 7 12 10  8
 2  9  3 11 | 8  4  7  5 |10 13 14 12 |16  1  6 15
 6 16 10  7 | 1 12 15 14 | 9  2  3  8 | 5 13  4 11
13 15 12  5 |11  6 10  3 | 4 16  7  1 |14  8  2  9
10  1 14  3 |15  8  5  4 | 2 11 13  7 | 9 12 16  6
 8  6 11 13 | 3  1 16  7 |12  4  9 10 | 2 15  5 14
12  2  9 16 | 6 10 13 11 | 5 14 16  3 | 7  4  8  1
 4  7  5 16 |14  9 12  2 |15  8  1  6 |13 10 11  3
```

ADVANCED 7

ADVANCED 8

ADVANCED 9

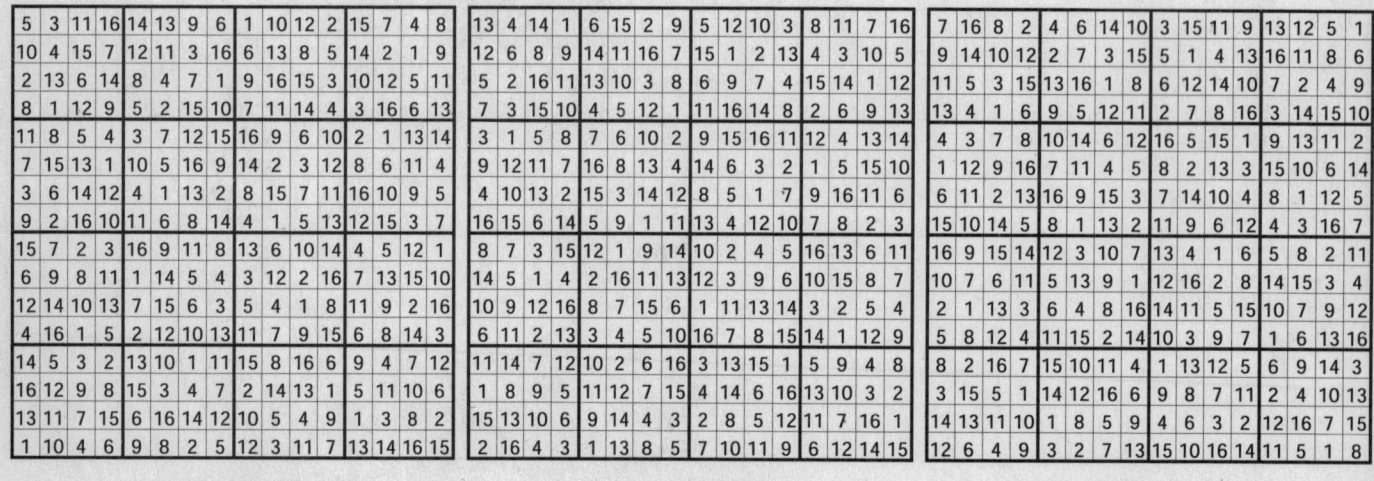

ADVANCED 10

ADVANCED 11

ADVANCED 12

ADVANCED 13

ADVANCED 14

ADVANCED 15

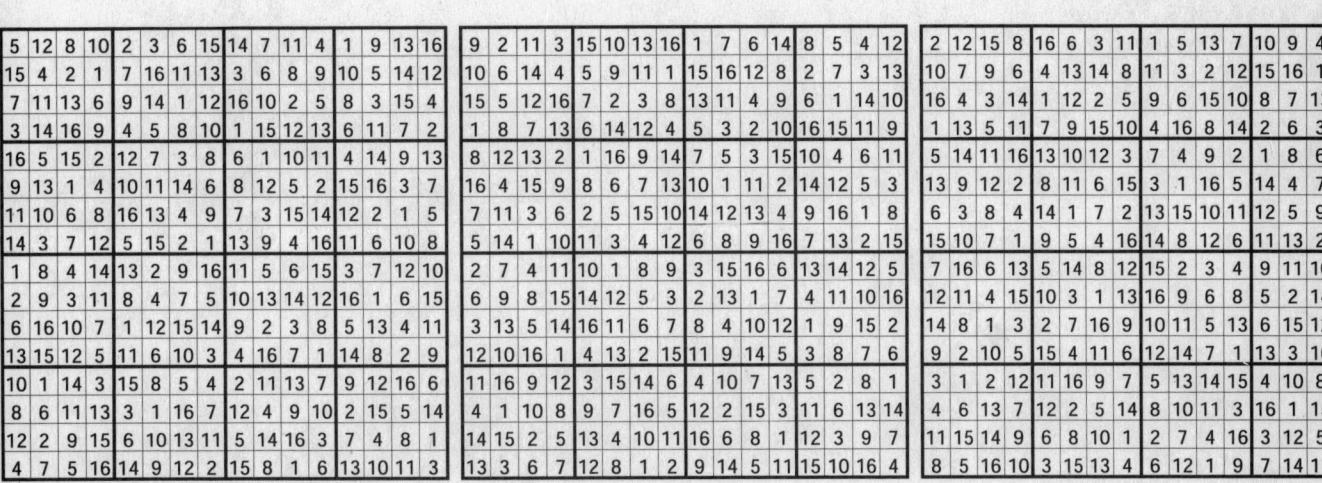

ADVANCED 16

ADVANCED 17

ADVANCED 18

ADVANCED 19

```
13 12  2 11 | 16 10  7  9 |  8  4  6  3 | 15  1 14  5
 3 14  9  4 | 11  8 15 12 |  1  2 16  5 | 13  7  6 10
16  6  5  8 | 14  4  1  3 |  7 10 13 15 | 12  2 11  9
 7 15 10  1 | 13  5  2  6 |  9 12 14 11 | 16  4  8  3
 8  7 15 10 |  1 14  4 16 |  5 11 12  9 |  3  6  2 13
 9  3 13 12 | 15  2  6  8 |  4 14 10  7 |  5 16  1 11
 5  2 11  6 | 12  9 10  7 | 16  1  3 13 |  4  8 15 14
 1 16  4 14 |  3 13  5 11 | 15  6  8  2 |  7  9 10 12
15  5  6 13 |  2  1 12 14 | 10  9  7 16 | 11  3  4  8
12  1 16  9 |  4 11  8 13 |  2  3  5 14 |  6 10  7 15
11  8 14  7 |  6 15  3 10 | 12 13  4  1 |  9  5 16  2
10  4  3  2 |  9  7 16  5 |  6 15 11  8 | 14 13 12  1
 4  9 12 16 | 10  3 13  1 | 11  8 15  6 |  2 14  5  7
 2 13  7  3 |  5  6 11 15 | 14 16  1 10 |  8 12  9  4
14 10  8 15 |  7 16  9  4 | 13  5  2 12 |  1 11  3  6
 6 11  1  5 |  8 12 14  2 |  3  7  9  4 | 10 15 13 16
```

ADVANCED 20

```
 5  3 11 16 | 14 13  9  6 |  1 10 12  2 | 15  7  4  8
10  4 15  7 | 12 11  3 16 |  6 13  8  5 | 14  2  1  9
 2 13  6 14 |  8  4  7  1 |  9 16 15  3 | 10 12  5 11
 8  1 12  9 |  5  2 15 10 |  7 11 14  4 |  3 16  6 13
11  8  5  4 |  3  7 12 15 | 16  9  6 10 |  2  1 13 14
 7 15 13  1 | 10  5 16  9 | 14  2  3 12 |  8  6 11  4
 3  6 14 12 |  4  1 13  2 |  8 15  7 11 | 16 10  9  5
 9  2 16 10 | 11  6  8 14 |  4  1  5 13 | 12 15  3  7
15  7  2  3 | 16  9 11  8 | 13  6 10 14 |  4  5 12  1
 6  9  8 11 |  1 14  5  4 |  3 12  2 16 |  7 13 15 10
12 14 10 13 |  7 15  6  3 |  5  4  1  8 | 11  9  2 16
 4 16  1  5 |  2 12 10 13 | 11  7  9 15 |  6  8 14  3
14  5  3  2 | 13 10  1 11 | 15  8 16  6 |  9  4  7 12
16 12  9  8 | 15  3  4  7 |  2 14 13  1 |  5 11 10  6
13 11  7 15 |  6 16 14 12 | 10  5  4  9 |  1  3  8  2
 1 10  4  6 |  9  8  2  5 | 12  3 11  7 | 13 14 16 15
```

ADVANCED 21

```
 2 13 16  7 | 15  9 10  3 | 14  1 11  6 |  4  8  5 12
 4 15  8 12 |  5  2 11  6 | 16  9  7 13 | 14  3 10  1
11  1 14 10 |  7 16  4 12 |  5 15  3  8 |  9  6 13  2
 5  3  9  6 |  8 13 14  1 | 10  4 12  2 |  7 11 16 15
 8  2  6  4 | 12  3  9 13 |  7 10  5 15 |  1 16 14 11
15 10  5 14 |  1  6  2 11 | 13 16  9  3 |  8  7 12  4
13  9  7  3 | 14 15 16  8 | 12 11  4  1 |  5 10  2  6
 1 11 12 16 |  4  7  5 10 |  2  8  6 14 | 13  9 15  3
12 16 11  8 | 10 14  1  9 |  3  6 13  4 |  2 15  7  5
10  7  2 15 |  6 12 13  5 |  1 14 16 11 |  3  4  9  8
 3  6 13  1 | 16  4  7 15 |  8  5  2  9 | 10 12 11 14
 9 14  4  5 | 11  8  3  2 | 15 12 10  7 |  6 13  1 16
16  4  1  9 |  3 10 12 14 |  6 13 15  5 | 11  2  8  7
 6  5  3  2 | 13 11  8 16 |  9  7 14 12 | 15  1  4 10
 7  8 10 13 |  2  5 15  4 | 11  3  1 16 | 12 14  6  9
14 12 15 11 |  9  1  6  7 |  4  2  8 10 | 16  5  3 13
```

ADVANCED 22

```
15  1 11  3 |  6 13  9  4 | 10 12  8  5 | 16  2  7 14
 7  6  2  5 | 16  3  1 14 |  9 11 15  4 | 10 13 12  8
12 10  4  8 | 11  7  2 15 | 14  6 13 16 |  1  9  5  3
 9 13 16 14 |  5 12  8 10 |  3  2  7  1 | 11  6 15  4
 1 16 10  4 |  7  8 15  3 | 13  9 12  2 | 14  5  6 11
11  5  7  2 |  9  1 14 13 | 16  3 10  6 | 12  4  8 15
14  8  9 12 | 10  5  6 16 | 15  1  4 11 |  2  3 13  7
 3 15  6 13 | 12  4 11  2 |  8  5 14  7 |  9 10 16  1
16 14 12  7 |  4 15 10  6 |  1 13  5  9 |  3  8 11  2
 6  3 13 11 |  8  9 16  5 | 12 15  2 14 |  7  1  4 10
 5  9  8 15 |  3  2  7  1 | 11  4  6 10 | 13 16 14 12
 4  2  1 10 | 14 11 13 12 |  7  8 16  3 |  5 15  9  6
13 12 14  6 |  2 16  5 11 |  4 10  1  8 | 15  7  3  9
10 11  5  9 | 15 14  4  8 |  2  7  3 13 |  6 12  1 16
 8  7  3  1 | 13 10 12  9 |  6 16 11 15 |  4 14  2  5
 2  4 15 16 |  1  6  3  7 |  5 14  9 12 |  8 11 10 13
```

ADVANCED 23

```
 6  4  2 11 |  5 12  8  9 | 14 10  7 13 | 16  1 15  3
 8 10  3  7 | 16  1 15  4 |  5 12 11  6 |  9 14  2 13
13 16 15  5 | 11 14 10  6 |  3  1  9  2 |  7  4  8 12
 1 12  9 14 | 13  3  2  7 | 16  8  4 15 |  6 11  5 10
 2  8  6 13 | 15  4  9 10 | 11  5 16  3 |  1  7 12 14
14  5 16 10 |  2  6  7  3 | 15 13  1 12 |  4  9 11  8
 3  9 11  1 | 12  5 16 13 |  4 14  8  7 |  2 10  6 15
 4  7 12 15 |  1 11 14  8 |  6  2 10  9 |  5  3 13 16
 7  2 13  4 | 10 16  5 14 |  9  3 12  8 | 11 15  1  6
16  3  1  6 |  8  2 13 11 | 10  7 15  5 | 14 12  4  9
 9 14  5  8 |  7 12 15  1 |  4 13 11 10 | 16  3  2  6
 5 13  7  2 |  9 15  1 16 |  8 11  3 10 | 12  6 14  4
15  6  4  3 |  7  8 11  2 | 12  9 14 16 | 13  5 10  1
10  1  8 16 | 14 13  6 12 |  7 15  5  4 |  3  2  9 11
12 11 14  9 |  3 10  4  5 | 13  6  2  1 | 15  8 16  7
```

ADVANCED 24

```
12 14 10  7 |  3 13 11 16 |  4  1  8 15 |  9  5  2  6
13 11 16  4 |  2 15  1 12 |  9 10  6  5 |  8  7  3 14
 2  1  8 15 |  9  6  5 14 |  3 13  7 16 | 11 12 10  4
 3  6  9  5 |  7 10  4  8 |  2 11 14 12 | 15 16 13  1
 5 16  1 10 |  6  9 12  7 |  8 15  4 14 |  2  3 11 13
 4 15  6  9 |  5 14 16  2 | 13  3 11  1 | 12 10  7  8
 8 12  7 14 | 11  3 13  4 | 10  6  2  9 | 16  1  5 15
11 13  3  2 |  8  1 10 15 | 16  5 12  7 | 14  4  6  9
14  9  4  6 | 10 12  3 13 |  7 16 15 11 |  1  2  8  5
10  5 12  8 | 16 11  9  1 |  6 14 13  2 |  7 15  4  3
16  2 13  1 | 15  7 14  6 |  5  4  3  8 | 10  9 12 11
15  7 11  3 |  4  8  2  5 |  1 12  9 10 | 13  6 14 16
 7  8  5 11 |  1  4  6 10 | 12  9 16 13 |  3 14 15  2
 9 10  2 13 | 14 16 15  3 | 11  7  5  6 |  4  8  1 12
 1  3 15 12 | 13  5  8  9 | 14  2 10  4 |  6 11 16  7
 6  4 14 16 | 12  2  7 11 | 15  8  1  3 |  5 13  9 10
```

242 Super Sudoku

ADVANCED 25

ADVANCED 26

ADVANCED 27

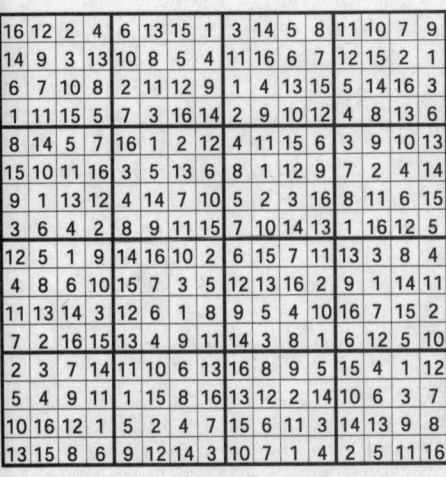

ADVANCED 28

ADVANCED 29

ADVANCED 30

Super Sudoku 243

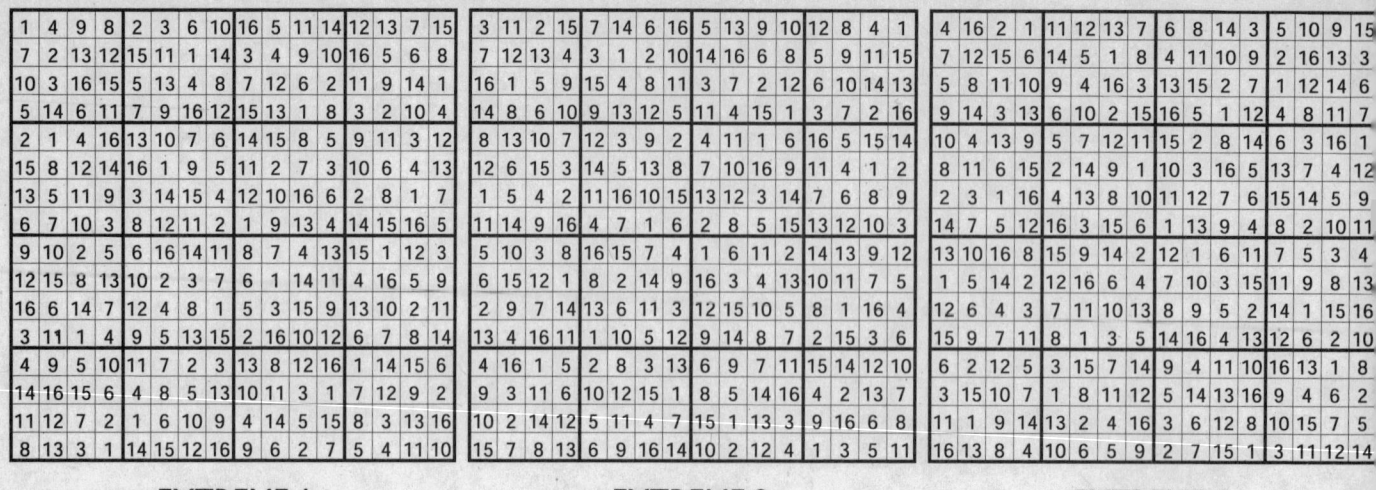

EXTREME 1   EXTREME 2   EXTREME 3

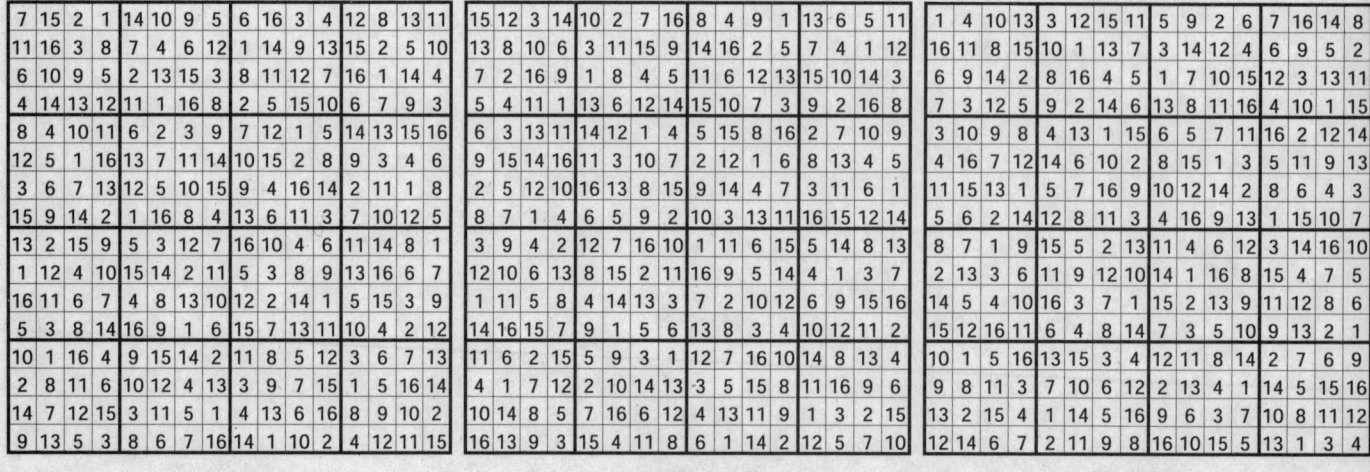

EXTREME 4   EXTREME 5   EXTREME 6

244 Super Sudoku

EXTREME 7

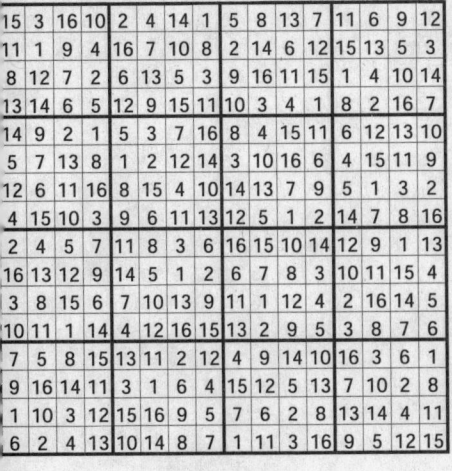

15	3	16	10	2	4	14	1	5	8	13	7	11	6	9	12
11	1	9	4	16	7	10	8	2	14	6	12	15	13	5	3
8	12	7	2	6	13	5	3	9	16	11	15	1	4	10	14
13	14	6	5	12	9	15	11	10	3	4	1	8	2	16	7
14	9	2	1	5	3	7	16	8	4	15	11	6	12	13	10
5	7	13	8	1	2	12	14	3	10	16	6	4	15	11	9
12	6	11	16	8	15	4	10	14	13	7	9	5	1	3	2
4	15	10	3	9	6	11	13	12	5	1	2	14	7	8	16
2	4	5	7	11	8	3	6	16	15	10	14	12	9	1	13
16	13	12	9	14	5	1	2	6	7	8	3	10	11	15	4
3	8	15	6	7	10	13	9	11	1	12	4	2	16	14	5
10	11	1	14	4	12	16	15	13	2	9	5	3	8	7	6
7	5	8	15	13	11	2	12	4	9	14	10	16	3	6	1
9	16	14	11	3	1	6	4	15	12	5	13	7	10	2	8
1	10	3	12	15	16	9	5	7	6	2	8	13	14	4	11
6	2	4	13	10	14	8	7	1	11	3	16	9	5	12	15

EXTREME 8

8	11	12	2	13	4	7	14	1	15	16	9	6	10	5	3
1	4	7	9	11	16	5	2	6	12	10	3	13	8	14	15
15	10	14	5	6	3	1	12	13	11	4	8	16	2	9	7
16	6	3	13	9	8	10	15	7	2	5	14	12	4	1	11
6	7	15	8	12	14	13	11	9	5	1	10	4	3	16	2
10	5	9	4	2	15	16	3	14	6	12	8	1	11	13	5
13	14	16	1	10	6	3	8	11	4	2	15	5	9	7	12
3	12	2	11	1	5	4	9	16	7	8	13	15	14	10	6
2	3	8	12	6	7	9	13	10	1	11	4	14	15	6	5
11	1	6	15	4	2	8	3	12	9	14	5	7	16	13	10
14	9	5	16	15	1	11	10	8	6	13	7	3	12	2	4
4	13	10	7	5	12	14	6	15	16	3	2	1	11	8	9
9	2	13	6	3	10	15	16	5	8	12	1	11	7	4	14
5	15	4	10	8	9	12	1	14	3	7	6	2	13	3	16
7	8	11	3	14	13	6	4	2	10	15	16	9	5	12	1
12	16	1	14	7	11	2	5	4	3	9	6	10	13	15	8

EXTREME 9

4	5	16	2	13	14	6	1	10	11	9	7	8	12	15	3
12	15	14	13	8	4	3	9	2	16	6	5	11	7	1	10
11	7	8	3	5	12	2	10	15	1	4	14	16	9	6	13
9	6	10	1	11	7	16	15	3	12	8	13	14	5	2	4
14	9	3	8	15	10	5	13	6	4	11	16	1	2	7	12
15	13	2	11	1	16	12	3	7	14	5	8	6	10	4	9
16	10	12	7	6	9	4	8	13	2	1	15	3	14	11	5
6	1	5	4	7	2	14	11	9	10	3	12	13	15	16	8
10	14	7	16	2	5	11	6	8	9	13	1	12	4	3	15
8	12	13	9	14	3	15	16	4	6	7	10	2	1	5	11
3	4	6	5	10	1	7	12	14	15	2	11	9	8	13	16
1	2	11	15	9	13	8	4	12	5	16	3	7	6	10	14
7	8	15	10	16	6	13	14	5	3	12	2	4	11	9	1
2	16	1	14	3	8	9	5	11	7	15	4	10	13	12	6
13	11	4	6	12	15	1	2	16	8	10	9	5	3	14	7
5	3	9	12	4	11	10	7	1	13	14	6	15	16	8	2

EXTREME 10

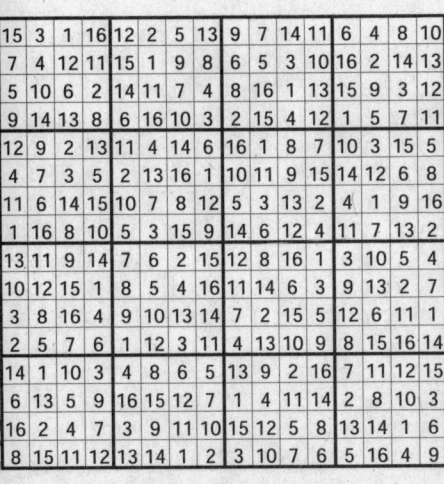

15	3	1	16	12	2	5	13	9	7	14	11	6	4	8	10
7	4	12	11	15	1	9	8	6	5	3	10	16	2	14	13
5	10	6	2	14	11	7	4	8	16	1	13	15	9	3	12
9	14	13	8	6	16	10	3	2	15	4	12	1	5	7	11
12	9	2	13	11	4	14	6	16	1	8	7	10	3	15	5
4	7	3	5	2	13	16	1	10	11	9	15	14	12	6	8
11	6	14	15	10	7	8	12	5	3	13	2	4	1	9	16
1	16	8	10	5	3	15	9	14	6	12	4	11	7	13	2
13	11	9	14	7	6	2	15	12	8	16	1	3	10	5	4
10	12	15	1	8	5	4	16	11	14	6	3	9	13	2	7
3	8	16	4	9	10	13	14	7	2	15	5	12	6	11	1
2	5	7	6	1	12	3	11	4	13	10	9	8	15	16	14
14	1	10	3	4	8	6	5	13	9	2	16	7	11	12	15
6	13	5	9	16	15	12	7	1	4	11	14	2	8	10	3
16	2	4	7	3	9	11	10	15	12	5	8	13	14	1	6
8	15	11	12	13	14	1	2	3	10	7	6	5	16	4	9

EXTREME 11

12	9	10	13	6	4	16	14	1	7	15	11	2	5	8	3
6	8	7	4	10	12	13	15	9	3	5	2	11	16	14	1
15	11	5	14	3	2	1	8	12	6	13	16	9	7	10	4
16	1	3	2	5	11	7	9	4	8	14	10	15	13	6	12
14	16	6	10	7	8	12	13	15	2	9	5	4	1	3	11
5	15	1	3	2	14	4	6	10	13	11	7	12	8	9	16
4	13	8	7	1	3	9	11	16	14	12	6	10	2	15	5
9	2	11	12	16	5	15	10	8	4	3	1	14	6	13	7
10	4	2	11	8	1	5	3	14	16	6	9	7	15	12	13
1	7	12	6	14	15	11	4	13	10	2	3	16	9	5	8
13	5	9	16	12	7	10	2	11	15	1	8	6	3	4	14
8	3	14	15	13	9	6	16	7	5	4	12	1	10	11	2
11	6	4	8	15	16	14	7	5	1	10	13	3	12	2	9
2	10	16	9	4	13	3	5	6	12	7	14	8	11	1	15
7	14	13	1	11	10	2	12	3	9	8	15	5	4	16	6
3	12	15	5	9	6	8	1	2	11	16	4	13	14	7	10

EXTREME 12

13	1	12	2	3	9	8	5	14	7	6	15	16	4	10	11
6	8	14	3	7	10	12	2	16	9	4	11	1	13	15	5
16	11	7	4	15	13	14	1	10	8	5	2	12	3	6	9
15	10	5	9	6	16	4	11	3	1	12	13	2	8	7	14
8	14	1	10	5	3	16	12	15	4	9	6	11	7	2	13
12	13	2	5	11	7	9	15	8	3	16	14	6	1	4	10
4	7	6	11	2	8	1	14	5	12	13	10	9	15	16	3
3	15	9	16	10	4	6	13	1	11	2	7	5	14	8	12
5	2	13	15	8	1	10	6	11	16	3	9	7	12	14	4
14	4	10	8	12	11	7	3	13	2	1	5	15	6	9	16
1	3	16	12	4	15	5	9	6	14	7	8	13	10	11	2
9	6	11	7	13	14	2	16	12	10	15	4	3	5	1	8
7	5	15	6	14	2	3	4	9	13	10	16	8	11	12	1
10	12	4	13	9	6	11	7	2	5	8	1	14	16	3	15
2	16	3	14	1	5	15	8	4	6	11	12	10	9	13	7
11	9	8	1	16	12	13	10	7	15	14	3	4	2	5	6

EXTREME 13

```
11 14  8  3 |  5  6  9 10 |  7  2  4 13 |  1 15 16 12
 5  9  7 10 |  8  2 12  4 |  1 15 14 16 | 13  6  3 11
 4 15  6  2 |  1 13 16  7 | 12 10 11  3 |  8  9 14  5
16 12 13  1 | 11 14 15  3 |  8  5  6  9 |  2  4 10  7
15 13 10  9 |  3  7  5  8 | 14  6  1  2 | 11 12  4 16
 7  6  2 14 | 15 16  4 11 | 10  9  8 12 |  5 13  1  3
12 11  1  4 |  6 10 14 13 |  3  7 16  5 | 15  2  9  8
 8  5  3 16 | 12  9  2  1 | 13  4 15 11 | 14  7  6 10
 1  8  9  7 | 10  3 13  2 |  6 16 12 15 |  4 11  5 14
 6 16  5 11 |  7 12  1  9 |  4  3 13 14 | 10  8  2 15
13 10 14 15 | 16  4  8  6 |  5 11  2  1 | 12  3  7  9
 3  2  4 12 | 14  5 11 15 |  9  8 10  7 |  6 16 13  1
 9  4 12  6 |  2 11  3 14 | 16  1  5  8 |  7 10 15 13
10  7 16  8 | 13 15  6  5 | 11 14  9  4 |  3  1 12  2
 2  3 11  5 |  9  1 10 12 | 15 13  7  6 | 16 14  8  4
14  1 15 13 |  4  8  7 16 |  2 12  3 10 |  9  5 11  6
```

EXTREME 14

```
14  6 15 11 | 12  3 10  2 |  4  1 13  9 |  5 16  7  8
 7 13  8  3 |  9  1  6 14 | 15  5 10 16 | 11  2 12  4
10  9  2  4 | 16  7 13  5 |  6 11 12  8 |  3 15  1 14
16  1  5 12 | 15  8  4 11 |  3 14  7  2 | 10  6  9 13
13 11  1  2 |  3  4  9 15 | 12  6  5 14 |  8 10 16  7
12 14 16  6 |  1 13  7  8 | 10  2 15 11 |  4  5  3  9
 3  4  7  5 |  6 14 16 10 |  8  9  1 13 |  2 12 15 11
 8 15  9 10 |  5  2 11 12 | 16  3  4  7 | 13  1 14  6
 1  2 13 14 |  7 12  3  6 |  9 10 11 15 | 16  8  4  5
 4  8  3  7 | 10  9  2 16 | 14 12  6  5 | 15 13 11  1
 5 16 12 15 | 14 11  8  4 |  2 13  3  1 |  7  9  6 10
11 10  6  9 | 13  5 15  1 |  7  8 16  4 | 12 14  2  3
15  5 11  8 |  4  6 12  3 |  1 16  9 10 | 14  7 13  2
 9  7 10 16 |  8 15 14 13 | 11  4  2  6 |  1  3  5 12
 2  3 14 13 | 11 16  1  9 |  5  7  8 12 |  6  4 10 15
 6 12  4  1 |  2 10  5  7 | 13 15 14  3 |  9 11  8 16
```

EXTREME 15

```
 9  6  4 13 |  1  5  8 10 |  7  3  2 14 | 15 11 16 12
10  3  5 15 |  7 16  2 11 |  8  1  4 12 |  6 14 13  9
11  1 16  2 | 12  4  6 14 | 13 10 15  9 |  3  7  8  5
12  8  7 14 | 13 15  3  9 | 16 11  6  5 |  2  4 10  1
16 12 14  5 | 15  6 10  7 |  9 13  8  4 |  1  2 11  3
15  2  6  4 |  9  3  1 16 | 11  5 14 10 |  8 13 12  7
 1  9 11 10 | 14 13 12  8 |  2  7  3 15 |  4  6  5 16
 7 13  3  8 |  5  2 11  4 |  6 12 16  1 |  9 10 14 15
 6 16 13  7 | 11 14 15  5 |  4  9  1  3 | 10 12  2  8
14 10  1  9 |  3 12 13  2 | 15  6 11  8 |  5 16  7  4
 3  5  2 12 |  4  8 16  1 | 10 14 13  7 | 11 15  9  6
 4 15  8 11 | 10  9  7  6 | 12  2  5 16 | 13  1  3 14
 8  7 10  3 |  2  1 14 13 |  5 15 12  6 | 16  9  4 11
 2 14 12  6 | 16 11  5  3 |  1  4  9 13 |  7  8 15 10
13  4 15  1 |  8 10  9 12 |  3 16  7 11 | 14  5  6  2
 5 11  9 16 |  6  7  4 15 | 14  8 10  2 | 12  3  1 13
```

EXTREME 16

```
 7 14 11 12 |  4  9 16  1 |  3  2  5  8 |  6 10 15 13
 6  9  5  2 | 15  8  3 11 |  7  4 13 10 | 12 16 14  1
15 16  8 13 |  2 10  7 14 |  1  6  9 12 |  5  4 11  3
 3  1  4 10 | 13 12  5  6 | 15 11 14 16 |  8  2  7  9
11  7  1 15 |  9  6  4 16 | 10  5  3 14 |  2  8 13 12
16 13  2  5 |  8  3  1 15 | 12  9  6 11 |  7 14 10  4
10  3 12  8 | 11 13 14  5 | 16  7  2  4 | 15  1  9  6
14  6  9  4 | 10  7 12  2 |  8 13  1 15 | 16  5  3 11
 2 10 16  6 |  1  5 13  7 | 14  3 11  9 |  4 15 12  8
12  4  7  1 | 14 16 11  8 | 13 10 15  6 |  9  3  5  2
13  5 15 11 | 12  4  9  3 |  2  8  7  1 | 14  6 16 10
 9  8  3 14 |  6 15  2 10 |  4 12 16  5 | 13 11  1  7
 8  2 13 16 |  7  1 10  9 |  5 15  4  3 | 11 12  6 14
 1 12  6  7 |  3 14 15  4 | 11 16  8 13 | 10  9  2  5
 5 11 14  9 | 16  2  8 12 |  6  1 10  7 |  3 13  4 15
 4 15 10  3 |  5 11  6 13 |  9 14 12  2 |  1  7  8 16
```

EXTREME 17

```
14 11  8  2 | 16 15 13  9 | 12  7 10  1 |  6  3  5  4
10  7 12  4 |  5 14 11  6 |  9  2 16  3 | 13 15  8  1
 1  5  6  3 |  7  8 10  4 | 14 13 11 15 | 16  9 12  2
13 16  9 15 |  3 12  2  1 |  5  4  6  8 | 10 11  7 14
 7 13 10  6 |  2  5 14  3 |  1  9  8 16 | 11  4 15 12
12  4 16 11 |  8  9 15  7 | 13  6  3 10 | 14  2  1  5
 2  9 15  5 | 11  6  1 16 |  4 12  7 14 |  8 13 10  3
 3  8  1 14 | 13  4 12 10 | 11 15  2  5 |  9  7  6 16
15  1  3 12 |  9 13  6 11 | 10  5  4  2 |  7 14 16  8
 8  6 14 16 |  4  1  5  2 |  7 11 15 13 |  3 12  9 10
 9 10  4 13 | 12  7 16 14 |  8  3  1  6 |  2  5 11 15
 5  2 11  7 | 10  3  8 15 | 16 14  9 12 |  1  6  4 13
 6  3 13  1 | 14 10  9 12 | 15 16  5  7 |  4  8  2 11
16 14  5  9 |  1  2  4 13 |  6  8 12 11 | 15 10  3  7
 4 12  2 10 | 15 11  7  8 |  3  1 13  9 |  5 16 14  6
11 15  7  8 |  6 16  3  5 |  2 10 14  4 | 12  1 13  9
```

EXTREME 18

```
 2 11  4 15 |  8  6 16  5 | 14  1 13 10 | 12  3  7  9
 3  1  8 14 | 10 13  9 15 | 12  4 11  7 | 16  6  2  5
10  7 16  9 |  3  1 12 11 |  5 15  2  6 | 14  8 13  4
 5 12  6 13 |  4  7 14  2 | 16  3  8  9 |  1 11 15 10
14  8 11  1 |  9  2  3 12 | 15 16  4  5 |  6 13 10  7
16  5  3 12 | 13  8 15  7 |  6  9 10  1 |  2  4 14 11
 4 10  9  7 |  5 14 11  6 | 13 12  3  2 |  8 15 16  1
13  2 15  6 |  1  4 10 16 | 11 14  7  8 |  5  9 12  3
 8  4 13  3 | 14 12  6  9 |  2 10  1 16 | 11  7  5 15
 7  6 14 10 |  2 15  4  8 |  3 11  5 12 |  9 16  1 13
 1  9  2 16 | 11  5 13  3 |  7  6 15 14 | 10 12  4  8
12 15  5 11 | 16 10  7  1 |  8 13  9  4 |  3  2  6 14
11 16  1  8 | 12  9  2 10 |  4  7 14 15 | 13  5  3  6
 6  3 12  4 |  7 11  8 14 | 10  5 16 13 | 15  1  9  2
15 13 10  5 |  6  3  1  4 |  9  2 12 11 |  7 14  8 16
 9 14  7  2 | 15 16  5 13 |  1  8  6  3 |  4 10 11 12
```

EXTREME 19

6	10	9	4	11	2	1	3	7	13	12	14	5	16	15	8
12	8	5	13	4	6	14	10	2	1	16	15	9	7	3	11
1	11	3	16	12	7	15	9	8	10	6	5	4	14	2	13
2	14	7	15	5	8	13	16	9	4	11	3	10	6	1	12
7	6	12	10	16	1	4	11	14	8	5	13	3	2	9	15
13	15	1	5	6	3	10	7	4	2	9	16	11	8	12	14
4	3	8	11	2	14	9	13	15	12	10	7	16	1	5	6
16	2	14	9	8	15	5	12	6	3	1	11	7	13	10	4
3	9	11	8	1	10	6	14	13	16	15	4	2	12	7	5
10	16	2	7	13	12	11	8	3	5	14	1	15	4	6	9
5	1	13	6	9	4	16	15	12	11	7	2	8	10	14	3
15	12	4	14	3	5	7	2	10	6	8	9	1	11	13	16
11	5	16	2	15	13	12	4	1	7	3	6	14	9	8	10
9	13	10	12	14	16	3	1	11	15	2	8	6	5	4	7
8	4	6	3	7	9	2	5	16	14	13	10	12	15	11	1
14	7	15	1	10	11	8	6	5	9	4	12	13	3	16	2

EXTREME 20

2	4	7	1	13	8	14	10	11	12	16	15	6	3	5	9
16	3	12	9	2	15	11	4	14	1	5	6	10	13	8	7
15	13	11	6	9	12	3	5	10	8	7	2	14	1	4	16
10	14	8	5	6	7	16	1	13	4	9	3	2	12	11	15
12	5	15	16	8	10	13	14	9	2	3	7	4	11	1	6
8	7	14	4	1	3	2	11	6	16	15	12	5	9	10	13
3	6	1	11	12	9	15	16	4	5	13	10	8	7	2	14
9	2	10	13	7	4	5	6	1	14	11	8	12	15	16	3
7	8	2	14	15	13	12	3	5	11	10	16	1	6	9	4
4	16	9	15	11	5	10	8	7	13	6	1	3	14	12	2
5	10	6	12	16	1	4	7	3	9	2	14	13	8	15	11
1	11	13	3	14	2	6	9	12	15	8	4	16	5	7	10
14	15	5	10	3	16	9	2	8	6	12	11	7	4	13	1
11	9	16	7	4	14	8	13	2	3	1	5	15	10	6	12
6	1	4	2	5	11	7	12	15	10	14	13	9	16	3	8
13	12	3	8	10	6	1	15	16	7	4	9	11	2	14	5

25x25
ANSWERS

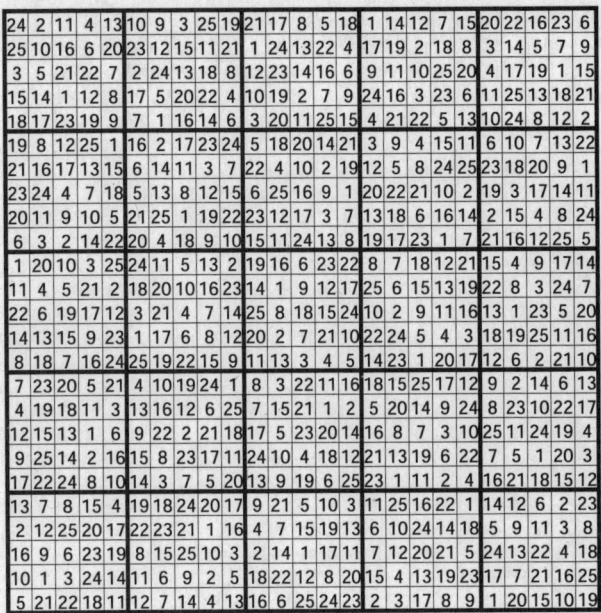

BEGINNER 1

BEGINNER 2

BEGINNER 3

BEGINNER 4

Super Sudoku 251

19	16	23	3	9	7	14	20	25	12	2	18	21	8	24	10	1	11	22	4	17	15	6	13	5
7	5	15	24	13	8	17	16	21	4	20	25	1	3	9	2	12	19	23	6	22	10	18	11	14
14	6	17	11	12	19	9	2	5	10	23	13	4	22	7	18	3	15	25	24	20	16	8	21	1
20	2	22	18	8	11	3	24	15	1	6	5	17	10	12	14	13	21	16	7	9	4	23	19	25
4	10	25	1	21	6	18	13	23	22	16	15	11	19	14	9	17	8	5	20	12	7	3	24	2
15	11	13	22	25	5	21	9	14	3	10	24	19	23	6	12	18	16	2	17	1	8	4	7	20
9	18	1	5	10	24	25	12	2	20	17	3	15	14	11	22	7	13	4	8	23	21	19	16	6
3	23	8	17	24	1	4	15	19	7	13	20	16	2	18	21	25	10	6	11	14	22	9	5	12
16	14	21	4	20	10	11	17	6	23	12	7	8	9	22	5	19	24	15	1	3	18	25	2	13
12	7	2	19	6	16	13	22	18	8	5	21	25	4	1	3	20	14	9	23	24	11	15	10	17
10	1	14	20	22	23	8	5	4	19	18	6	24	15	13	11	16	25	12	9	2	3	21	17	7
25	12	16	13	19	21	2	7	17	15	11	9	3	5	10	4	24	1	20	22	18	6	14	8	23
8	3	7	21	18	20	10	1	24	9	25	4	22	17	16	13	6	23	14	2	11	5	12	15	19
17	9	5	23	2	13	6	25	16	11	19	14	12	1	8	7	21	18	3	15	4	24	10	20	22
24	4	11	6	15	18	22	3	12	14	21	23	7	20	2	19	5	17	8	10	25	9	13	1	16
6	24	12	15	5	2	23	18	11	25	14	16	20	21	17	8	10	3	19	13	7	1	22	9	4
23	17	9	16	11	4	12	19	13	24	7	8	10	6	15	25	22	2	1	21	5	14	20	3	18
13	19	20	8	1	14	16	10	7	5	22	2	23	25	3	15	9	4	24	18	6	17	11	12	21
18	21	10	14	3	22	1	6	9	17	24	11	5	13	4	20	23	12	7	16	8	19	2	25	15
2	22	4	25	7	3	15	8	20	21	9	1	18	12	19	17	14	6	11	5	10	13	16	23	24
11	25	24	10	4	12	19	23	22	18	15	17	6	7	5	16	8	20	21	3	13	2	1	14	9
21	8	19	2	23	9	5	4	1	13	3	22	14	18	20	24	15	7	10	25	16	12	17	6	11
22	13	6	7	14	17	20	21	10	2	8	12	9	16	23	1	11	5	18	19	15	25	24	4	3
1	15	18	12	16	25	7	11	3	6	4	10	13	24	21	23	2	9	17	14	19	20	5	22	8
5	20	3	9	17	15	24	14	8	16	1	19	2	11	25	6	4	22	13	12	21	23	7	18	10

BEGINNER 5

1	15	21	10	7	22	14	20	8	2	9	24	11	4	18	16	3	19	13	5	12	25	6	17	23
19	13	22	25	3	7	11	12	23	17	1	21	2	16	5	10	6	9	8	15	20	24	18	14	4
6	5	16	24	8	21	15	10	3	4	13	14	7	25	12	22	18	20	17	23	11	19	1	9	2
17	4	2	23	14	16	9	18	6	19	15	3	8	20	10	25	24	12	1	11	13	5	22	21	7
12	18	11	9	20	13	1	5	24	25	22	6	19	17	23	21	7	14	2	4	16	15	8	10	3
5	3	6	4	13	24	21	7	20	8	17	11	18	12	15	2	16	25	22	10	23	1	14	19	9
24	1	9	19	12	15	4	6	22	16	23	20	3	2	13	14	11	5	18	7	8	10	17	25	21
2	22	10	21	18	3	5	14	12	13	8	25	24	19	1	15	17	23	6	9	4	7	11	16	20
7	20	23	11	25	10	17	19	1	9	4	22	16	14	21	13	8	24	12	3	18	2	15	5	6
8	17	14	16	15	11	18	2	25	23	5	9	6	10	7	4	20	21	19	1	24	3	12	22	13
13	12	3	20	19	18	25	11	15	6	24	10	22	8	4	9	5	7	21	17	14	16	23	2	1
10	9	7	17	16	8	3	24	14	22	2	1	5	23	6	19	4	13	15	20	21	11	25	12	18
14	23	18	15	24	2	20	1	19	12	21	13	25	7	17	11	10	16	3	6	9	22	5	4	8
25	11	4	5	2	23	13	21	9	10	16	12	15	18	3	24	22	1	14	8	19	6	7	20	17
22	21	8	1	6	4	16	17	5	7	20	19	9	11	14	23	2	18	25	12	15	13	24	3	10
3	7	24	22	4	25	10	16	13	11	18	15	23	5	9	12	1	2	20	19	17	8	21	6	14
20	14	15	8	17	19	2	9	21	3	12	4	10	1	16	7	25	6	23	24	5	18	13	11	22
9	2	25	6	21	5	22	15	7	1	11	8	20	13	19	17	14	10	4	18	3	12	16	23	24
16	19	12	18	5	6	24	23	17	14	25	7	21	22	2	3	9	8	11	13	10	4	20	1	15
11	10	1	13	23	20	12	8	4	18	6	17	14	3	24	5	21	15	16	22	25	9	2	7	19
4	24	20	2	1	9	23	25	11	15	19	16	17	6	22	8	13	3	5	21	7	14	10	18	12
18	25	13	14	9	17	19	22	16	24	10	5	12	21	20	6	15	4	7	2	1	23	3	8	11
15	6	17	3	22	12	8	4	18	5	7	23	1	24	25	20	19	11	10	14	2	21	9	13	16
21	8	5	12	10	14	7	13	2	20	3	18	4	9	11	1	23	22	24	16	6	17	19	15	25
23	16	19	7	11	1	6	3	10	21	14	2	13	15	8	18	12	17	9	25	22	20	4	24	5

BEGINNER 6

23	5	22	3	17	1	11	19	21	9	25	14	10	18	13	16	7	15	6	24	2	20	4	8	12
12	14	6	16	7	5	25	13	22	23	3	4	21	9	17	8	18	19	2	20	1	15	10	11	24
2	1	13	25	9	18	6	24	3	4	8	7	12	20	15	10	5	11	21	23	22	14	17	19	16
4	10	20	15	24	8	16	14	17	2	6	19	11	5	23	3	12	25	22	1	21	13	9	7	18
21	18	8	11	19	10	12	7	15	20	16	2	1	22	24	9	13	4	17	14	5	23	25	6	3
11	4	18	5	1	16	3	6	23	14	22	8	9	17	7	15	25	12	20	10	24	2	13	21	19
25	21	24	9	6	15	18	22	10	13	23	5	20	3	16	2	17	1	19	7	4	11	14	12	8
15	23	19	20	8	2	4	5	7	17	1	21	13	12	18	22	3	14	24	11	25	16	6	9	10
3	12	14	7	2	11	9	21	20	24	4	10	25	6	19	13	23	18	16	8	15	5	22	17	1
16	22	17	10	13	12	1	25	19	8	2	11	24	15	14	5	9	21	4	6	20	18	7	3	23
24	11	4	19	16	7	23	15	18	21	13	20	8	2	25	1	14	17	10	12	9	22	3	5	6
18	15	3	1	21	9	22	4	13	5	7	24	14	23	6	19	2	20	8	25	10	12	11	16	17
14	7	25	8	20	17	10	1	2	11	12	22	5	19	9	23	6	16	15	3	13	4	24	18	21
10	6	9	12	22	3	24	16	8	25	17	18	15	4	1	11	21	7	5	13	23	19	2	20	14
13	2	23	17	5	20	19	12	14	6	21	3	16	11	10	24	4	9	18	22	8	25	1	15	7
22	19	16	21	12	6	20	8	25	10	5	17	2	13	11	7	1	3	23	4	14	9	18	24	15
9	25	15	24	11	23	17	18	5	16	19	6	7	10	4	21	8	13	14	2	12	3	20	1	22
20	13	1	2	10	4	14	3	9	12	18	15	22	24	21	17	19	6	25	5	16	7	8	23	11
6	3	5	4	14	19	15	2	24	7	20	9	23	1	8	18	11	22	12	16	17	10	21	25	13
17	8	7	23	18	13	21	11	1	22	14	25	3	16	12	20	10	24	9	15	19	6	5	4	2
8	16	10	22	25	24	2	20	6	18	11	1	17	14	5	12	15	23	3	9	7	21	19	13	4
5	17	21	6	4	25	13	23	12	3	24	16	19	8	20	14	22	2	7	18	11	1	15	10	9
7	9	2	13	23	22	5	17	4	1	15	12	6	21	3	25	24	10	11	19	18	8	16	14	20
19	20	12	14	3	21	7	9	11	15	10	13	18	25	22	4	16	8	1	17	6	24	23	2	5
1	24	11	18	15	14	8	10	16	19	9	23	4	7	2	6	20	5	13	21	3	17	12	22	25

BEGINNER 7

21	11	2	23	14	3	4	20	15	13	6	18	8	12	22	19	1	16	17	7	5	9	25	10	24
10	8	24	19	3	6	1	18	7	11	15	16	13	25	21	2	14	12	9	5	23	22	20	17	4
12	7	5	9	22	2	25	16	14	8	1	19	24	4	17	18	20	10	23	21	13	15	3	11	6
16	1	13	25	20	19	23	12	17	5	7	11	10	9	3	24	6	22	4	15	8	2	14	18	21
17	15	18	6	4	22	24	9	21	10	20	14	23	5	2	11	13	3	8	25	1	12	16	19	7
6	3	12	24	13	20	14	23	16	4	18	10	9	21	8	22	11	25	7	19	17	5	2	1	15
20	16	14	7	11	24	8	25	2	17	5	15	3	13	6	10	4	1	12	9	19	23	22	21	18
22	21	10	15	23	11	6	1	9	18	25	20	7	17	19	14	2	13	5	8	12	3	24	4	16
19	25	4	1	2	21	7	5	10	15	14	22	12	16	23	3	17	6	24	18	20	13	11	9	8
8	9	17	5	18	13	22	19	3	12	4	24	11	2	1	21	15	23	20	16	25	7	10	6	14
15	2	3	10	24	23	20	21	1	14	22	7	19	11	12	5	8	9	25	17	4	6	18	16	13
25	19	21	13	8	7	16	15	5	24	10	9	6	20	4	12	18	11	2	14	22	17	23	3	1
9	18	20	11	1	4	17	6	8	19	24	2	5	3	16	13	7	21	22	23	10	14	15	12	25
23	12	22	14	16	9	18	11	25	2	21	13	17	1	15	20	3	4	10	6	7	24	5	8	19
4	6	7	17	5	12	13	10	22	3	8	23	25	18	14	16	19	15	1	24	21	11	9	20	2
13	14	23	8	6	1	3	24	11	22	17	25	16	10	18	4	5	7	21	20	15	19	12	2	9
1	24	19	21	12	15	10	8	18	20	13	4	2	7	5	17	9	14	16	11	3	25	6	22	23
3	22	15	4	17	25	9	14	13	16	11	8	21	19	24	23	10	2	6	12	18	20	1	7	5
2	20	11	18	25	5	19	7	4	23	12	1	14	6	9	15	22	8	13	3	16	21	17	24	10
5	10	9	16	7	17	12	2	6	21	23	3	22	15	20	25	24	18	19	1	14	8	4	13	11
18	13	8	12	15	14	2	17	24	9	16	21	1	23	10	7	25	20	11	22	6	4	19	5	3
11	4	6	3	9	8	21	22	23	7	19	17	18	24	25	1	12	5	14	10	2	16	13	15	20
14	17	16	2	21	10	15	4	19	6	3	5	20	22	7	9	23	24	18	13	11	1	8	25	12
24	23	1	22	10	16	5	13	20	25	2	12	15	8	11	6	21	19	3	4	9	18	7	14	17
7	5	25	20	19	18	11	3	12	1	9	6	4	14	13	8	16	17	15	2	24	10	21	23	22

BEGINNER 8

BEGINNER 9

BEGINNER 10

BEGINNER 11

BEGINNER 12

Super Sudoku 253

BEGINNER 13

BEGINNER 14

BEGINNER 15

BEGINNER 16

254 Super Sudoku

BEGINNER 17

BEGINNER 18

BEGINNER 19

BEGINNER 20

Super Sudoku 255

INTERMEDIATE 1

INTERMEDIATE 2

INTERMEDIATE 3

INTERMEDIATE 4

256 Super Sudoku

INTERMEDIATE 5

INTERMEDIATE 6

INTERMEDIATE 7

INTERMEDIATE 8

Super Sudoku 257

INTERMEDIATE 9

INTERMEDIATE 10

INTERMEDIATE 11

INTERMEDIATE 12

258 Super Sudoku

INTERMEDIATE 13

INTERMEDIATE 14

INTERMEDIATE 15

INTERMEDIATE 16

Super Sudoku 259

INTERMEDIATE 17

INTERMEDIATE 18

INTERMEDIATE 19

INTERMEDIATE 20

260 Super Sudoku

8	6	21	3	16	19	9	10	7	23	17	25	2	18	1	5	4	13	11	22	24	20	15	12	14
9	22	18	7	17	20	6	11	16	13	10	3	5	12	8	25	15	14	24	2	23	4	21	19	1
25	13	4	2	19	18	14	21	15	1	24	7	9	22	6	3	10	12	20	23	16	17	11	5	8
15	1	12	14	24	4	3	22	8	5	23	11	20	13	16	9	19	21	6	17	10	2	7	18	25
20	23	5	11	10	24	2	17	25	12	19	15	14	21	4	1	18	7	16	8	22	3	6	13	9
3	4	17	6	25	15	10	14	5	9	1	16	7	23	13	2	22	24	12	18	11	8	20	21	19
13	12	8	19	15	21	24	3	23	20	25	6	10	2	18	11	9	16	4	1	7	14	5	17	22
7	2	14	5	9	1	11	16	13	22	8	24	4	19	21	17	23	20	10	25	12	15	18	6	3
24	11	16	23	22	7	25	8	17	18	9	12	3	20	15	6	14	5	19	21	2	13	10	1	4
21	20	10	18	1	12	4	6	2	19	5	17	22	11	14	7	8	3	15	13	25	23	24	9	16
10	17	25	15	21	14	22	5	20	8	3	9	24	16	7	4	12	6	2	19	13	11	1	23	18
6	9	22	13	5	23	1	12	18	4	21	2	17	10	20	16	11	15	7	14	3	19	8	25	24
16	24	2	4	18	17	21	7	19	25	22	1	23	8	11	13	20	10	5	3	15	9	12	14	6
11	8	19	12	7	6	13	2	24	3	18	14	15	25	5	21	1	22	23	9	20	10	16	4	17
23	14	20	1	3	10	16	9	11	15	13	19	6	4	12	18	25	17	8	24	5	21	22	2	7
18	15	24	9	6	5	19	13	4	17	16	10	12	1	23	14	3	25	21	20	8	7	2	22	11
4	25	3	21	14	11	7	20	9	16	15	8	18	17	19	10	6	2	22	12	1	5	13	24	23
17	7	1	10	8	22	23	25	6	2	14	13	21	24	3	15	16	11	9	5	19	18	4	20	12
5	16	23	22	12	3	18	1	14	21	4	20	11	9	2	8	24	19	13	7	17	6	25	10	15
2	19	11	20	13	8	12	15	10	24	6	5	25	7	22	23	17	18	1	4	9	16	14	3	21
12	18	13	8	23	25	17	19	22	6	2	21	16	5	24	20	7	9	14	11	4	1	3	15	10
19	21	15	16	20	9	8	24	3	14	7	4	13	6	25	12	2	1	17	10	18	22	23	11	5
22	10	6	25	4	2	20	18	12	7	11	23	1	14	9	19	5	8	3	15	21	24	17	16	13
14	3	7	17	2	13	5	23	1	11	12	22	19	15	10	24	21	4	18	16	6	25	9	8	20
1	5	9	24	11	16	15	4	21	10	20	18	8	3	17	22	13	23	25	6	14	12	19	7	2

ADVANCED 1

1	21	24	18	23	25	10	8	15	5	20	19	3	17	12	4	7	13	6	16	22	9	2	11	14
14	15	22	9	2	16	23	19	20	13	25	1	8	11	5	21	12	17	18	24	4	7	6	3	10
16	7	4	5	19	2	12	1	22	6	23	18	10	9	21	15	11	8	14	3	20	25	24	13	17
10	11	6	13	12	18	17	24	9	3	2	4	16	7	14	25	22	20	5	1	8	23	15	19	21
17	8	3	25	20	21	7	11	4	14	13	6	22	15	24	19	23	2	10	9	5	1	18	12	16
21	16	23	20	11	4	9	6	12	19	5	3	25	8	22	18	24	7	2	17	10	14	1	15	13
25	10	8	12	1	22	24	20	14	7	19	2	13	4	6	16	21	11	15	23	18	3	9	17	5
24	17	5	14	22	8	1	15	25	18	10	11	21	12	7	13	6	3	9	19	2	20	4	16	23
9	2	13	19	6	11	3	10	5	16	15	23	17	18	1	22	20	14	4	8	7	21	12	25	24
3	4	18	7	15	13	21	17	2	23	14	24	9	20	16	1	10	5	12	25	11	6	8	22	19
2	14	19	17	8	20	4	13	6	21	24	16	7	1	25	23	9	22	11	10	12	15	5	18	3
12	6	20	11	9	1	22	18	23	24	8	17	4	10	3	14	5	21	13	15	16	19	25	7	2
13	18	15	21	16	12	19	7	10	2	22	5	11	6	20	3	8	25	24	4	9	17	14	23	1
23	1	7	22	3	17	15	5	11	25	12	9	14	21	2	20	19	6	16	18	24	13	10	8	4
4	25	10	24	5	14	16	3	8	9	18	13	23	19	15	17	1	12	7	2	21	11	20	6	22
22	20	11	10	24	3	6	4	16	17	21	7	15	13	8	12	14	18	23	5	1	2	19	9	25
5	3	21	2	7	19	18	25	24	15	9	20	1	14	11	10	17	16	8	6	23	22	13	4	12
6	23	1	8	25	5	14	9	13	11	16	10	12	2	19	7	3	4	20	22	15	24	17	21	18
18	9	12	4	13	10	8	23	1	22	6	25	5	3	17	24	2	15	19	21	14	16	7	20	11
15	19	17	16	14	7	20	2	21	12	4	22	24	23	18	11	25	9	1	13	6	10	3	5	8
19	22	14	6	17	23	13	12	18	1	11	21	20	5	10	8	15	24	25	7	3	4	16	2	9
11	24	25	15	10	6	5	22	7	4	1	8	2	16	23	9	13	19	3	12	17	18	21	14	20
20	13	2	3	4	15	25	21	17	8	7	14	18	24	9	5	16	1	22	11	19	12	23	10	6
7	5	9	23	18	24	2	16	3	20	17	12	19	22	13	6	4	10	21	14	25	8	11	1	15
8	12	16	1	21	9	11	14	19	10	3	15	6	25	4	2	18	23	17	20	13	5	22	24	7

ADVANCED 2

22	11	9	5	18	2	25	24	12	8	6	20	3	15	23	14	13	17	1	19	21	4	16	10	7
25	24	23	17	8	22	21	15	16	3	18	1	13	9	19	5	6	10	7	4	2	14	20	12	11
16	7	2	6	1	10	13	14	23	19	8	4	12	11	5	3	15	21	20	22	25	17	18	24	9
19	20	14	3	13	18	4	6	1	7	10	17	24	25	21	9	12	16	11	2	5	15	8	23	22
12	15	4	21	10	5	9	11	17	20	14	7	16	22	2	18	8	23	25	24	6	1	13	3	19
20	18	13	16	17	23	7	1	24	15	9	19	22	14	11	4	2	12	5	21	10	3	25	8	6
21	9	24	7	11	14	6	5	4	16	12	8	20	13	3	10	17	15	19	25	1	23	22	18	2
23	1	8	10	5	12	3	9	19	11	2	25	15	21	18	20	7	6	22	16	13	24	14	4	17
14	22	19	4	25	13	10	2	20	21	16	6	5	17	1	24	18	8	23	3	15	9	7	11	12
6	2	15	12	3	17	22	18	8	25	7	23	4	10	24	1	14	9	13	11	19	21	5	16	20
7	21	20	9	4	8	19	3	14	1	17	2	18	23	13	25	16	5	10	6	12	11	24	22	15
18	6	11	23	15	4	16	13	22	5	25	12	9	24	7	8	19	20	3	1	17	2	10	14	21
3	14	17	25	19	24	23	10	21	6	11	22	8	1	20	2	4	13	15	12	7	16	9	5	18
13	5	22	1	24	25	17	12	2	18	15	3	10	19	16	7	11	14	21	9	23	8	6	20	4
2	12	10	8	16	15	11	20	7	9	21	5	14	6	4	23	24	22	18	17	3	25	1	19	13
4	25	16	14	23	7	1	8	6	10	19	11	2	5	17	12	20	24	9	15	18	22	21	13	3
11	17	12	18	9	20	15	22	13	24	3	14	1	4	10	21	5	19	2	8	16	6	23	7	25
1	10	3	20	21	9	18	23	5	17	24	13	6	7	12	22	25	11	16	14	4	19	2	15	8
15	19	5	2	6	3	12	16	25	4	22	9	21	18	8	13	23	7	17	10	24	20	11	1	14
24	8	7	13	22	21	14	19	11	2	20	15	23	16	25	6	3	1	4	18	9	10	12	17	5
17	3	18	15	20	6	8	4	9	23	1	21	7	12	22	16	10	2	14	5	11	13	19	25	24
8	13	25	11	14	16	5	21	15	12	4	10	19	2	6	17	1	18	24	20	22	7	3	9	23
9	23	1	22	12	11	20	7	10	14	5	24	25	3	15	19	21	4	6	13	8	18	17	2	16
5	16	21	19	2	1	24	17	3	13	23	18	11	20	9	15	22	25	8	7	14	12	4	6	10
10	4	6	24	7	19	2	25	18	22	13	16	17	8	14	11	9	3	12	23	20	5	15	21	1

ADVANCED 3

24	6	8	17	7	18	5	3	2	14	10	4	25	20	23	9	15	22	19	1	11	16	13	12	21
16	4	20	23	11	21	17	7	24	22	9	2	19	12	5	6	3	14	18	13	25	1	10	15	8
3	15	21	13	12	1	11	9	10	25	6	18	14	22	8	2	24	16	7	20	5	4	17	23	19
10	1	19	25	5	20	13	16	4	6	7	15	3	24	17	21	23	12	11	8	9	14	2	18	22
22	18	2	14	9	12	23	8	19	15	11	1	21	16	13	17	25	10	5	4	20	6	3	7	24
25	5	15	22	14	2	1	4	11	16	20	9	7	23	24	18	19	21	8	10	13	3	12	6	17
12	7	16	24	20	22	18	15	23	13	1	21	17	25	14	4	9	5	3	6	2	10	19	8	11
23	21	6	11	4	14	10	17	3	8	13	19	22	5	12	25	7	20	2	15	1	18	16	24	9
18	8	1	9	19	25	12	5	6	21	16	3	11	2	10	14	22	13	24	17	7	20	15	4	23
17	10	13	3	2	7	9	24	20	19	18	6	8	15	4	23	16	11	1	12	22	25	21	14	5
14	12	3	4	8	24	15	2	1	10	23	22	16	19	18	20	5	6	17	9	21	13	25	11	7
13	23	22	6	15	9	4	25	5	11	17	7	10	14	2	3	1	8	21	16	18	24	20	19	12
9	25	5	18	24	3	7	23	21	17	12	13	20	4	11	15	10	2	14	19	6	8	1	22	16
19	2	10	7	21	13	6	22	16	20	8	24	15	9	1	11	18	25	12	23	3	17	14	5	4
11	20	17	1	16	19	8	14	18	12	21	25	5	6	3	24	4	7	13	22	23	2	9	10	15
21	16	7	19	22	5	2	1	8	18	3	23	4	11	6	12	14	17	10	25	15	9	24	13	20
6	3	23	10	1	11	16	12	14	24	19	8	2	17	25	13	20	9	15	5	4	22	7	21	18
8	13	14	20	17	4	19	21	9	3	24	5	12	10	15	7	2	1	22	18	16	23	11	25	6
5	9	24	15	25	17	22	6	13	23	14	20	18	21	7	19	11	4	16	3	10	12	8	1	2
4	11	12	2	18	15	20	10	25	7	22	16	1	13	9	8	21	23	6	24	17	19	5	3	14
7	17	11	12	6	23	24	18	15	2	25	14	13	1	22	16	8	3	20	21	19	5	4	9	10
20	24	18	21	23	16	14	13	17	5	4	10	9	8	19	1	6	15	25	7	12	11	22	2	3
2	19	25	16	10	6	3	20	12	9	5	11	24	7	21	22	13	18	4	14	8	15	23	17	1
15	22	4	8	3	10	25	19	7	1	2	17	23	18	20	5	12	24	9	11	14	21	6	16	13
1	14	9	5	13	8	21	11	22	4	15	12	6	3	16	10	17	19	23	2	24	7	18	20	25

ADVANCED 4

ADVANCED 5

EXTREME 1

EXTREME 2

EXTREME 3

262 Super Sudoku

EXTREME 4

EXTREME 5

EXTREME 6

EXTREME 7

Super Sudoku 263

12	17	8	2	14	20	6	7	1	18	10	4	5	15	19	23	13	22	16	21	11	3	24	9	25
1	21	22	5	23	2	4	3	24	15	8	17	6	20	25	7	18	12	9	11	19	10	14	16	13
16	7	4	25	9	11	17	22	13	5	3	1	23	12	24	2	15	14	19	10	20	18	21	6	8
20	11	3	10	6	21	19	16	12	8	14	13	18	9	22	4	25	1	24	5	15	2	23	17	7
19	13	18	15	24	25	23	9	10	14	11	21	2	16	7	17	3	6	8	20	1	5	12	22	4
13	6	11	24	19	15	21	12	16	4	20	18	9	1	23	8	17	10	5	14	25	22	7	2	3
4	23	21	20	12	19	3	24	18	2	22	15	13	5	6	25	16	7	1	9	8	11	10	14	17
15	10	16	7	5	9	25	8	23	1	12	14	17	11	3	18	22	20	21	2	4	19	13	24	6
22	3	17	1	18	14	7	10	5	11	4	25	19	8	2	13	6	15	12	24	23	16	9	20	21
9	8	25	14	2	13	22	6	17	20	7	10	21	24	16	11	23	19	3	4	12	15	5	18	1
3	14	7	13	21	1	9	20	6	24	19	11	4	18	17	15	8	25	10	16	2	23	22	5	12
10	25	9	6	16	5	11	23	21	3	13	7	12	2	8	22	19	24	4	17	18	14	20	1	15
24	1	23	19	20	17	2	4	8	22	15	6	16	14	9	12	11	5	18	3	13	21	25	7	10
8	22	2	18	4	12	14	15	25	13	5	24	20	3	10	1	21	9	23	7	16	17	6	19	11
17	12	5	11	15	18	16	19	7	10	25	23	1	22	21	14	20	2	6	13	24	4	8	3	9
23	5	19	4	22	6	13	18	14	16	17	9	8	7	1	21	10	11	15	25	3	24	2	12	20
2	9	12	8	7	24	1	11	15	23	21	16	10	6	20	3	5	13	14	19	22	25	17	4	18
25	18	10	3	13	4	20	21	9	17	24	2	14	19	15	6	12	23	22	8	7	1	16	11	5
21	15	14	16	11	8	12	2	3	7	18	22	25	4	5	24	9	17	20	1	6	13	19	10	23
6	20	24	17	1	10	5	25	22	19	23	3	11	13	12	16	2	4	7	18	9	8	15	21	14
18	16	6	23	10	3	15	5	2	9	1	12	7	17	14	19	4	8	25	22	21	20	11	13	24
7	19	13	21	25	16	18	17	4	12	9	20	15	10	11	5	24	3	2	23	14	6	1	8	22
5	4	20	12	3	22	8	14	11	6	2	19	24	23	13	9	1	21	17	15	10	7	18	25	16
11	24	15	9	17	7	10	1	19	21	16	8	22	25	4	20	14	18	13	6	5	12	3	23	2
14	2	1	22	8	23	24	13	20	25	6	5	3	21	18	10	7	16	11	12	17	9	4	15	19

EXTREME 8

49x49

SUPER

EXTREME

ANSWER

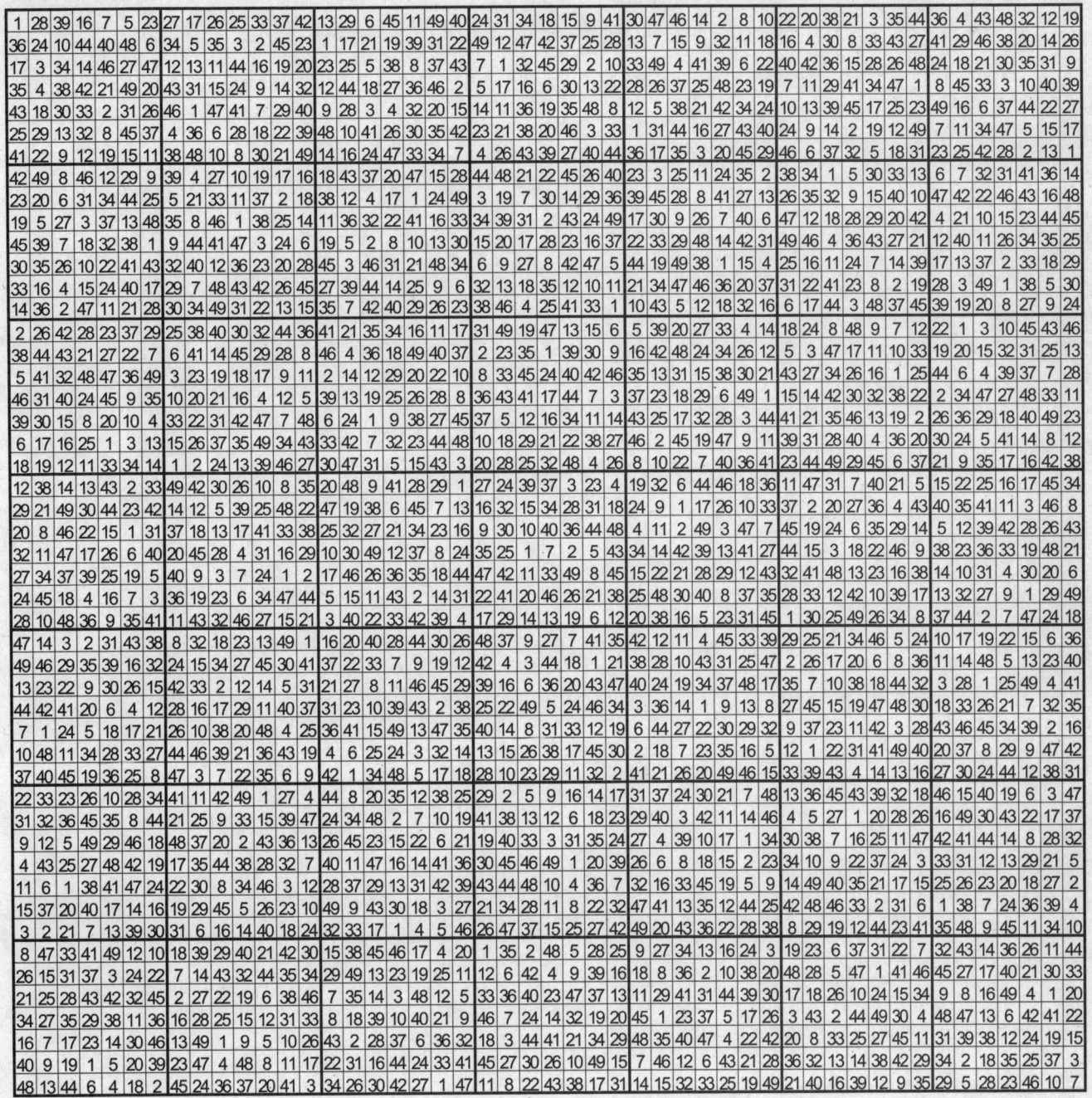

SUPER EXTREME

Super Sudoku 267